数字经济与金融创新

彭乔 党军 吴恒◎著

哈尔滨出版社

图书在版编目（CIP）数据

数字经济与金融创新/ 彭乔, 党军, 吴恒著. —哈尔滨:哈尔滨出版社, 2023.5
ISBN 978-7-5484-7245-2

Ⅰ.①数… Ⅱ.①彭… ②党… ③吴… Ⅲ.①信息经济—关系—金融改革—研究—中国 Ⅳ.①F49②F832.1

中国国家版本馆CIP数据核字(2023)第084521号

书　　名：**数字经济与金融创新**
SHUZI JINGJI YU JINRONG CHUANGXIN

作　　者：彭乔　党军　吴恒　著
责任编辑：孙迪

出版发行：哈尔滨出版社（Harbin Publishing House）
社　　址：哈尔滨市香坊区泰山路82-9号　邮编：150090
经　　销：全国新华书店
印　　刷：北京四海锦诚印刷技术有限公司
网　　址：www.hrbcbs.com
E－mail：hrbcbs@yeah.net
编辑版权热线：（0451）87900271　87900272
销售热线：（0451）87900202　87900203

开　　本：787mm×1092mm　1/16　印张：11　字数：215千字
版　　次：2023年5月第1版
印　　次：2023年5月第1次印刷
书　　号：ISBN 978-7-5484-7245-2
定　　价：68.00元

凡购本社图书发现印装错误，请与本社印制部联系调换。
服务热线：（0451）87900279

彭乔，女，民主建国会会员，中级经济师，毕业于北京化工大学企业管理专业，保送硕士研究生，参与国家级软科学计划重点项目。同期最年轻的网点支行行长。积累多年一线工作经验，任职期间，单一网点个人存款体量超过十个亿。

党军，中级经济师，现任招商银行广州分行投资银行部总经理助理，毕业于北京大学金融学专业，取得经济学硕士学位。工作方面：主要负责企业直接融资与间接融资，在债券承销、兼并重组、资产证券化与财富管理等方面有着较为丰富的经验，近些年，先后牵头完成了广州地区数家央国企混改项目、高速路公募REITs项目、境内企业境外上市融资等项目。科研成果方面，公开发表经济类学术论文6篇。

吴恒，男，广西北海人，1982年6月生，毕业于中南财经政法大学金融统计学专业，硕士研究生学历，高级经济师，中恒集团资深业务骨干，主要从事企业内控管理相关工作。

前　言

新的科技革命，其核心是数字革命，它已成为新世纪伟大的历史性变革。数字化正在重构人类的"三生"，即从数字化生活到数字化生产，再到数字化生命。数字经济是全新的经济，将为全球经济创造最先进的生产力，也是21世纪全球新的发展机遇。未来，随着5G逐步实现大规模商用，信息传输的带宽限制将被彻底打破，数字技术将释放出更显著的驱动引领效应。在此背景下，依托我国制造大国、网络大国的优势，不断提高数字技术研发能力和产业创新能力，已经成为企业决胜未来的关键。

经济的快速稳步增长少不了金融作为基石，金融作为现代经济发展的关键所在，传统的网点式服务模式覆盖率和效率都不高，而我国原有的金融行业基础设施较为匮乏，这样就限制了高质量的经济发展。随着互联网越来越普及，数字金融也依托互联网平台出现在大众视野中，它不仅打破了传统金融的原有方式，还通过人工智能与数据信息化大大提升了效率，降低了成本，也提高了金融服务的质量，促进了传统经济的增长。在未来，数字经济和金融创新的相关研究应该作为一项重要且紧迫的任务，实现与数字经济发展齐头并进。为了让读者能够全面了解数字经济社会发展前景，并洞悉如何适应这场巨大的变革，我们撰写了本书，希望能开启更多关于数字经济发展的讨论与研究。

本书是数字经济理论和金融发展研究方面的著作。首先从数字经济的产生背景、内涵、特征等基础理论出发，对数字经济的原理和产业组织理论进行了阐述，让读者对数字经济的基础有较为清晰的认识，接着对数字经济的发展策略和中国数字经济的转型前景进行了探索，基于此，本书对数字经济时代的数字金融的机构、体系等进行了重点分析，并对金融的创新发展进行探索。本书旨在建立完整的知识体系，这对于数字新经济和金融创新的研究和实践有现实的指导意义。

最后，由于作者水平有限，加之时间紧迫，书中不足之处在所难免。请使用本书的读者朋友批评指正。

目　录

第一章　数字经济概述 ··· 1

 第一节　数字经济产生的背景与意义 ······································ 1
 第二节　数字经济的内涵与特征 ··· 6
 第三节　数字经济的应用技术 ·· 12

第二章　数字经济的原理和产业组织理论 ··································· 24

 第一节　数字经济的基本原理 ·· 24
 第二节　数字经济的产业组织理论 ··· 39

第三章　数字经济发展的战略决策 ··· 55

 第一节　基础建设战略决策 ·· 55
 第二节　融合发展战略决策 ·· 60
 第三节　共享参与战略决策 ·· 64

第四章　中国数字经济的转型 ·· 69

 第一节　推动数字经济转型的新科技 ······································ 69
 第二节　加快数字化转型步伐 ·· 75

第五章　数字经济与金融 ··· 96

 第一节　数字金融的概念 ··· 96
 第二节　数字金融的影响 ··· 99
 第三节　数字金融的互联网信息化机构 ·································· 102
 第四节　数字金融的风险及其防控 ··· 120

第六章 数字金融服务体系 ·· 124

 第一节 征信体系 ··· 124

 第二节 支付与清算体系 ··· 131

 第三节 数字货币 ··· 143

第七章 数字经济时代的金融创新 ································· 150

 第一节 金融创新理念 ··· 150

 第二节 金融创新的影响 ··· 157

 第三节 金融创新的挑战 ··· 160

 第四节 数字金融的创新 ··· 162

参考文献 ·· 167

第一章 数字经济概述

第一节 数字经济产生的背景与意义

一、数字经济产生的背景

(一) 世界各国积极搭乘数字经济发展快车

数字经济是全球投资增长和发展的主要动力,它可以提升所有行业的竞争力,为商业和创业活动提供新机会,帮助企业进入海外市场和参与全球电子价值链,也为解决可持续发展问题提供了新的工具。中国是世界上几个最活跃的数字投资和创业生态系统之一,中国数字市场的上行潜力比许多观察者预期的要大得多。数字经济正在成为全球经济发展的新动能。

(二) 数字经济首次列入 G20 峰会议题

《G20 数字经济发展与合作倡议》(以下简称《倡议》),这是全球首个由多国领导人共同签署的数字经济政策文件。《倡议》敏锐地把握了数字化带来的历史性机遇,为世界经济摆脱低迷、重焕生机指明了新方向,提供了新方案,带来了新希望。《倡议》阐述了数字经济的概念、意义和指导原则,提出了创新、伙伴关系、协同、灵活、包容、开放和有利的商业环境、注重信任和安全的信息流动等七大原则,明确了宽带接入、ICT 投资、创业和数字化转型、电子商务合作、数字包容性、中小微企业发展等数字经济发展与合作的六大关键优先领域,在知识产权、尊重自主发展道路、数字经济政策制定、国际标准的开发使用、增强信心和信任、无线电频谱管理等六大领域鼓励成员加强政策制定和监管领域的交流,营造开放和安全的环境。面向未来,将鼓励 G20 成员国开展多层次交流,交流政策制定、立法经验和最佳实践,在培训和研究领域积极开展合作,与国际组织及其他团体积极互动,共同推动数字经济快速健康发展。

(三) 数字经济写入我国政府工作报告

"互联网+"是手段,数字经济是结果,网络强国是目的,一脉相承,我们应顺应这一历史潮流,充分发挥我国作为世界互联网最大单一市场的优势,做大做强数字经济,推动网络强国战略落地。全国政协委员、苏宁控股集团董事长张近东认为,应建立政府主导、市场化运作的数据全生命周期管理顶层设计,引导全社会实现数据开放共享,并完善管理环节,实现数据价值挖掘与信息保护的健全机制,在大数据时代的国际竞逐中占领制高点。

(四) 我国出台《促进大数据发展行动纲要》

我国互联网、移动互联网用户规模居全球第一,拥有丰富的数据资源和应用市场优势,大数据部分关键技术研发取得突破,涌现出一批互联网创新企业和创新应用,一些地方政府已启动大数据相关工作。坚持创新驱动发展,加快大数据部署,深化大数据应用,已成为稳增长、促改革、调结构、惠民生和推进政府治理能力现代化的内在需要和必然选择。要在全球范围内,运用大数据推动经济发展、完善社会治理、提升政府服务和监管能力正成为趋势,有关发达国家相继制定实施大数据战略性文件,大力推动大数据发展和应用。

二、数字经济,中国经济发展新动能

数字经济提升了传统产业,壮大了新兴产业,成为建设创新型世界经济、为全球经济增长注入新动力的现实需要。

(一) 充满活力的未来新经济

数字经济是创新经济,是绿色经济,是开放经济,也是共享经济,更是充满活力的代表未来的新经济。从全世界角度来看,数字经济是推动经济变革、效率变革和动力变革的加速器和放大器。数字经济已经成为全球经济发展的新引擎。

数字经济也是中国经济发展的新动能。一方面,数字经济带动传统产业转型升级,各行各业都在通过数字化去构建更敏捷的生产、经营、管理体系;另一方面,在数字化过程中,孕育了更多新的产业和企业,推动中国经济向数字经济发展。近几年,数字经济发展迅猛,许多大中型企业都在积极推动数字化转型。

（二）引领带动实体经济创新

实体经济是数字经济发展的重要领域，要以数字经济引领带动实体经济的创新，为传统产业注入新活力。我国数字经济在快速发展的同时，通过与传统领域的融合发展，形成了有意义的新模式。比如，数字经济与制造业的融合，产生了定制化模式。这种模式利用网络汇聚消费者需求，在产品研发、设计、生产、营销过程中，大量吸引消费者参与，彰显消费者的个性化需求。过去，数字技术很好地服务了我们的生活与消费；未来，数字技术会更好地服务我们的生产与制造。比如，在汽车制造产业，过去供应商、仓库和配送线路分散，汽车配件需要以天为计时单位。现在，通过传化网智能物流平台提供汽车零部件从采购、运输、仓储、分拨到配送的系统解决方案，到达时间能够精确到小时甚至分钟，逐步实现了零库存。

工业互联网是数字经济与制造业深度融合的产物，也是制造业数字化、网络化、智能化的重要载体。

数字经济与农业的深度融合，并不仅仅是把互联网作为销售渠道，还要帮助农业实现标准化和现代化，提升全产业链的效率。数字经济对农业的赋能主要来自两个方面：一是数据的打通，通过整理电商平台上的搜索词、点击量、购买量等数据，形成明确的消费者需求；另一方面是介入农业生产的上游，以消费者需求倒逼农业种植技术的升级。

（三）为普惠共享打通"大动脉"

数字经济因其所具有的普惠性、协调性、包容性特征，成为构建普惠型社会经济，解决全球发展失衡问题的关键途径。要始终坚持普惠包容发展，努力推动数字经济的共建共享。让亿万人民共享数字经济发展的成果，是我们追求的目标。当数字经济和餐饮业融合到一起时，不仅能提高餐厅的经营效率，让消费者的生活更便利，还创造了无数"送餐小哥"的就业岗位，让更多人受惠于数字经济。在这个过程中，我们确实感受到数字经济能让亿万人民生活得更好。

此外，在数字经济发展中，借助互联网平台，大量的生产要素共享模式出现，不但降低了创新创业的成本，也大幅度减小了过剩产能的可能性。普惠共享是数字经济的应有之义。现在的各种"云"正是数字经济普惠共享的产物，通过上"云"，小企业可以花很少的钱实现数字化转型发展，进行业务创新、管理变革，最终实现企业收入增长、成本降低、效率提高和风险控制的目标，所以原先不热衷于应用信息化技术的小企业现在也变得更加积极，这都是数字经济普惠共享这一特征带来的好处。

为了继续推进数字经济的共建共享，将深化网络基础设施的建设合作，推进5G技术的研发和商用部署，加快 IPv6 规模部署应用，建设物联网等新型应用基础设施，使数字经济的"大动脉"更加通畅，更好地发挥数字经济在改善民生、消除贫困方面的积极作用。同时，还要打造数字政府，建设智慧社会，推动网络医疗、网络教育等业态的创新，帮助广大发展中国家和相对欠发达地区降低应用成本，缩小数字鸿沟，让人民群众在共享数字经济发展成果方面有更多的获得感。

三、中国发展数字经济的战略意义

全球金融危机之后，世界经济进入了深度调整阶段。一方面是传统经济持续低迷、发展疲软；另一方面则是以互联网为基础的数字经济快速崛起，展现出十分强劲的生命力。这种新旧经济交替的壮阔图景在我国表现得更加清晰明显。随着全球信息化步入全面渗透、跨界融合、加速创新、引领发展的新阶段，我国也借势深度布局、大力推动数字经济的发展，从而使其逐渐成为整体经济创新发展的强大引擎，并为全球经济复苏和优化发展提供借鉴和启发。数字经济是在计算机、互联网、通信技术等新一轮信息革命的基础上发展起来的，因此也被称为信息经济。对于正处在整体经济转型升级关键期的中国经济而言，发展数字经济显然具有十分重要的特殊意义，有利于推动新常态下我国经济发展和创新战略的落地。

（一）经济新常态需要发展新引擎

经过多年的高速增长，我国经济逐渐步入增速放缓、结构升级、动力转化的新常态阶段，整体发展环境、条件和诉求都发生了深刻改变。因此，如何认识、适应和引领新常态，打造经济发展新动能，便成为我国实现经济跨越式发展的根本议题。特别是要化解经济新常态下"中等收入陷阱"这一最大风险，必然离不开发展引擎的转变。

（二）信息革命推动社会生产生活方式变革

当前愈演愈烈的信息革命为我国打造新动能、跨越曾经普遍困扰各国经济发展的"中等收入陷阱"提供了历史性机遇。从人类社会的发展历史来看，每一次产业革命都将实现社会生产力的巨大提升：农业革命推动人类从采集捕猎转为种植畜养，大大增强了人类的生存能力，使社会从野蛮、蒙昧时代进入文明时代；工业革命推动家庭作坊式的手工生产形态走向规模化的机器大生产，极大地提升了人类社会的生产能力，改变了以往的物质匮乏状况。同样，以计算机、互联网、通信等先进技术为代表的信息革命推动了社会生产生活方式的数字化、网络化、信息化、智能化。数字化工具、数字化生产、数字化产品等数字经济形态快速崛起，为新常态下我国经济发展提供了新动能。

（三）数字经济拥有广阔的发展前景

基于互联网信息革命发展起来的数字经济不仅深度释放了原有的社会生产力，也创造出了更具价值的全新的生产力。数字经济的快速崛起和发展，大大提高了现代经济效益，推动了经济结构的转型升级，成为全球经济走向复苏与繁荣的重要驱动力量。金融危机之后，数字经济在全球整体经济发展疲软的大背景下逆势而上，呈现出巨大的发展活力：大数据、云计算、物联网、移动互联网、智能机器人、3D打印、无人驾驶、VR/AR等各种信息技术创新与应用不断涌现，在颠覆重塑诸多传统产业的同时，也不断创造出新的产业、业态与模式。更令人充满期待的是，数字经济的发展其实才刚刚开始，当前所处的发展阶段其实只相当于工业革命中的蒸汽机时代，真正让人震撼的伟大产品其实还没有出现。

（四）发展数字经济成为国家战略选择

当前，欧美等发达国家都将发展数字经济提升到国家战略高度，如美国的工业互联网、德国的"工业4.0"、日本的机器人新战略、欧盟地区的数字经济战略等。面对新一轮互联网信息化革命浪潮，我国政府也根据我国基本国情和整体需要，提出"网络强国"的发展战略，积极推进"数字中国"建设，从而使得数字经济上升到国家战略层面，成为新常态下经济结构转型升级和跃迁式发展的新动能。

四、中国发展数字经济的优势

中国发展数字经济有着自身独特的优势和有利条件，起步很快，势头良好，在多数领域开始形成与先行国家同台竞争、同步领跑的局面，未来在更多的领域存在领先发展的巨大潜力。

（一）数字经济全面渗透到生产生活各个领域

（1）数字经济正在引领传统产业转型升级。以制造业为例，工业机器人、3D打印机等新装备、新技术在以长三角、珠三角等为主的中国制造业核心区域的应用明显加快，大数据、云计算、物联网等新的配套技术和生产方式开始得到大规模应用。

（2）数字经济开始融入城乡居民生活。根据相关报告，网络环境的逐步完善和手机上网的迅速普及，使得移动互联网应用的需求不断被激发，基础应用、商务交易、网络金融、网络娱乐、公共服务等个人应用发展日益丰富，其中手机网上支付增长尤为迅速，网上支付线下场景不断丰富。各类互联网公共服务类应用均实现用户规模增长。此外，数字经济正在变革治理体系，倒逼传统的监管制度与产业政策加快创新步伐。

（二）数字经济推动新业态与新模式不断涌现

（1）中国在多个领域已加入全球数字经济的领跑者行列。近年来，中国在电子商务、电子信息产品制造等诸多领域取得"单打冠军"的突出成就，一批信息技术企业和互联网企业进入世界前列。

（2）中国分享经济正在成为全球数字经济发展的排头兵。

（3）中国电子商务继续保持快速发展的良好势头。

我国数字经济发展已取得了一定的成就，但是，在数字技术应用到实体经济，提升实体经济效率方面仍有较大的空间。因此，未来我国数字经济发展的战略重心，一方面是提升数字经济的核心技术，另一方面是促进数字经济和实体经济深度融合发展。

第二节 数字经济的内涵与特征

当今世界正发生着人类有史以来最为迅速、广泛、深刻的变化。以信息技术为代表的高新技术突飞猛进，以信息化和信息产业发展水平为主要特征的综合国力竞争日趋激烈。数字经济对经济发展和社会进步带来的深刻影响，引起了世界各国的普遍关注。发达国家和发展中国家都十分重视数字经济的发展，把加快推进信息化作为经济和社会发展的战略任务。

一、数字经济的概念与内涵

数字经济是继农业经济、工业经济之后一种全新的经济社会发展形态，不同时期、不同学者或机构对数字经济的定义并不相同，目前还没有统一的定论。从字面意思上来理解，数字经济就是在数字技术的基础上形成的经济，是数据信息在网络中流行而产生的一种经济活动。大多数专家认为，数字经济是指一个经济系统，在这个系统中，数字技术被广泛使用并由此带来了整个经济环境和经济活动的根本变化。数字经济也是一个信息和商务活动都数字化的全新的社会政治和经济系统。企业、消费者和政府之间通过网络进行的交易迅速增长。

(一) 数字经济概念的起源与发展

数字经济（Digital Economy）的概念可以追溯到加拿大学者泰普斯科特（Tapscott）出版的《数据时代的经济学——对网络智能时代机遇和风险的再思考》和美国学者尼葛洛庞帝（Negroponte）出版的《数字化生存》，两位学者深入研究了互联网的出现对经济社会的冲击与影响。泰普斯科特首次提到数字经济时代，并前瞻性地提出了各行业企业数字化转型的路线图，包括数字化创意开发、数字化流程实施、数字化产品设计、数字化制造和营销、数字支持型产品销售等方法。尼葛洛庞帝提出了"数字化生存是以信息技术为基础的新的生存方式"，在数字化环境中，生产力要素的数字化渗透、生产关系的数字化重构、经济活动的全面数字化等呈现出一种全新的社会生活方式。[1] 今天我们仍然能够感受到两位学者对数字经济相关研究的前瞻性和洞察力。

但是，数字经济发展真正进入黄金时代，是智能手机和移动互联网的出现与快速渗透，伴随着移动接入端的快速膨胀，全球范围内的网络连接产生了巨大的数据量，催生了云计算、大数据等海量数据分析技术及处理平台，对经济社会发展中产生的海量数据进行分析和提炼，形成有价值的知识再在经济社会发展中使用，产生了大量的新业态、新模式，可以统称为"数字经济"。

数字经济是通过人、过程和技术发生复杂关系而创造社会经济效益。在数字经济中数字网络和通信基础设施提供一种全球化的平台促进个人和组织的相互交往、通信、合作和信息分享。

综合国际社会关于数字经济概念的研究成果，以及信息通信技术融合创新发展的实践，数字经济可以说是全社会信息活动的经济总和。理解数字经济有三个关键词：①信息是一切比特化的事物，是与物质、能量相并列的人类赖以利用的基本生产要素之一；②信息活动是为了服务于人类经济社会发展而进行的信息生成、采集、编码、存储、传输、搜索、处理、使用等一切行为以及支持这些行为的ICT制造、服务与集成；③信息活动具有社会属性、媒体属性和经济属性，我们所讲的数字经济关注的信息活动的经济属性是信息活动的经济总和。

(二) 数字经济的内涵

数字经济是互联网发展到成熟阶段后产生的经济形态，数字经济已经超越了信息产业范围与互联网技术范畴，具有更加丰富的内涵。

---

[1] 赵海荣. 数字经济研究综述 [J]. 内蒙古科技与经济，2019，(第2期)：22-23.

1. 数字经济是一种经济社会形态

数字经济是继农业经济、工业经济之后的一种新的经济社会发展形态,要站在人类经济社会形态演进的历史长河中看待数字经济的深刻长远影响。

2. 数字经济是一种基础设施

数字经济不仅仅涵盖技术层面和工具层面,而且是一种网络化的基础设施,像工业时代建立在电力、交通等物理基础设施网络之上一样,未来经济社会发展会建立在数字基础设施之上,传统基础设施在物联网技术支撑下也会全面实现数字化,进入万物互联时代。

3. 数字经济是一种技术经济范式

从科学技术发展史看,数字技术是与蒸汽机、电力同等重要的"通用目的技术"(GPT),必然重塑整个经济和社会,数据成为最重要的生产要素,重构各行各业的商业模式和盈利方式,未来所有产业都是数字化产业,所有企业都是数字化企业。

二、数字经济的基本特征

数字经济受到三大定律的支配。第一个定律是梅特卡夫法则(Metcalfs Law):网络的价值等于其节点数的平方。所以网络上联网的计算机越多,每台计算机的价值就越大,"增值"以指数关系不断变大。第二个定律是摩尔定律(Moore's Law):计算机硅芯片的处理能力每18个月就翻一番。第三个定律是达维多定律(Davidow's Law):进入市场的第一代产品能够自动获得50%的市场份额,所以任何企业在本产业中必须第一个淘汰自己的产品。实际上,达维多定律体现的是网络经济中的"马太效应"。这三大定律决定了数字经济具有以下五个基本特征。

(一)数字化

以二进制的形式来表示和处理信息,将包括文字、图片、视频、声音等在内的诸多信息转化为计算机能够读取、处理和传输的二进制代码。20世纪中叶计算机的发明标志着数字化的起步,这一时期主要的商业模式是芯片生产和制造、计算机生产和制造、操作系统开发、相关软件开发等,代表公司为IBM、微软、英特尔。虽然如今大部分信息都能以数字化的形式表示,但数字化的进程仍远未结束,还有大量信息和设备游离在数字系统之外。

在共享时代,为促进数字经济发展,必须通过延伸共享经济领域,推动传统产业向数字化转型,从而利用数字技能推动共享经济与数字经济的深度融合创新。鼓励共享经济深度发展，拓宽应用领域，为与数字经济融合提供条件。伴随信息技术的发展尤其是"互联网+"的发展，共享经济模式成为创业首要选择，从餐饮住宿、金融借贷、交通出行、医疗保健到房屋租赁、科研实验、创意设计等，在更多领域与数字经济开展融合，从而促进共享经济和数字经济的双向发展。

（二）网络化

通过网络通信技术实现人与人、人与物、物与物之间的实时连接。21世纪60年代末，阿帕网的诞生标志着网络化的萌芽，20世纪90年代以后互联网的全球普及为数字经济发展构筑了至关重要的基础设施。

全球网络空间治理体系要想实现深度变革，离不开数字经济。换句话说，准确地定位和聚焦于数字经济，就回答了推进全球网络空间治理体系变革是为了什么的问题。即以数字经济为驱动力，推动网络空间开放、合作、交流、共享，让互联网更好助力经济发展、社会进步、生活改善，做到发展共同推进、安全共同维护、治理共同参与、成果共同分享。

（三）智能化

人工智能研究在多个领域实现突破，数字经济进入以智能化为核心的发展阶段。目前其商业模式还主要集中在单一的弱人工智能应用上，包括语音识别、自动驾驶、机器人写稿、图像识别、医疗辅助等诸多领域，代表性公司有谷歌、百度、科大讯飞、阿里巴巴、苹果、NVIDIA等。未来，智能化技术发展将对数字经济发展产生质变效应，推动人类生产生活方式的新变革。

利用共享时代的优势，加快传统企业的数字化转型，将是未来所有企业的核心战略。在共享时代利用个人、企业、政府甚至社会的闲置资源，依靠互联网、大数据、云计算等数字技能，推动传统企业向数字化转型发展。传统企业依靠"互联网+企业"的模式，应用数据化思维，建立连接内外资源、协作共享的机制，通过建立数字化的协同平台以及资源、财务、法务共享平台，实现互联互通，做到精细化管理，最终实现传统企业的智能化发展。

（四）商业化

数字经济将会对众多产业造成颠覆性影响，传统商业模式已不能满足需要，因此，未来必须重新构建商业模式。共享时代，数字资源的"共享价值"超过了"交换价值"，社会资本将会与金融资本处在同等重要的位置，合作共赢将会超越竞争、商品使用权将会超越所有权、可持续性替代消费主义，一系列的变化推动着新的商业模式的出现。数字经济未来将会以大数据、云计算、互联网以及人工智能为线索，在传统商业模式基础上进行重新设计，构筑依靠数字产品横向延伸价值链和依靠数字技术纵向衍生产业链的基本商业模式，以及依靠数字技术来驱动的跨行业、跨区域商业模式。

（五）共享化

首先，共享时代要求数字资源的共享性。数字经济的一大发展方向应当是不断拓展数字信息资源，发展关于数字技术的集成、存储、分析以及交易业务，在共享时代下释放数字技术资源的新价值。其次，共享时代需要数字技术与产业融合发展，以便创造出更多的商业发展模式。数字技术与产业融合成为数字经济的重要发展方向，通过产业融合，实现产业数字化、智能化，产业的边界逐渐模糊，最终形成产业开放化发展以及产业向价值网络的转型升级。最后，共享时代要求数字经济发展具有强大的服务功能，由此才能带动对共享商业模式的更多需求。融合服务业与数字技术发展的服务型数字产业是共享时代数字经济发展的重要方向，也体现出数字经济在共享时代的应用性，以数字技术为基础的数字金融、智能支付、智慧物流、智慧健康、电子商务、数字信息服务等服务型产业将在共享时代迅猛发展。

三、数字经济的类型

数字经济是以数字化信息为关键资源，以信息网络为依托，通过信息通信技术与其他领域紧密融合，形成了五个类型。

（一）基础型数字经济

传统的信息产业构成了基础型数字经济，它是数字经济的内核。

（二）融合型数字经济

信息采集、传输、存储、处理等信息设备不断融入传统产业的生产、销售、流通、服务等各个环节，形成了新的生产组织方式，传统产业中的信息资本存量带来的产出增长份额，构成了融合型数字经济。

（三）效率型数字经济

信息通信技术在传统产业的普及，促进全要素生产率提高而带来的产出增长份额，构成了效率型数字经济。

（四）新生型数字经济

信息通信技术的发展不断催生出新技术、新产品、新业态，称为新生型数字经济。

（五）福利型数字经济

信息通信技术普及所带来的消费者剩余和社会福利等正的外部效应，构成了福利型数字经济。

四、数字经济未来的发展趋势

数字经济与共享经济的融合，推动了共享时代的发展。同时，共享时代也给数字经济发展提出了新的要求，使之有别于传统的发展模式，呈现出以下七种新的发展趋势。

（一）数字经济内涵外延将持续快速扩展

当前全球对数字资源重要性的认识、全球数字技术的创新发展等已非昔日可比，诞生出云计算、物联网、大数据、人工智能、虚拟现实等新技术新应用和平台经济、共享经济等新模式、新业态。可以说，今天所说的数字经济，实际上是一种"新数字经济"。未来，随着技术的发展、模式的创新和认识的提升，数字经济的内涵将进一步创新。

（二）需求增长将鼓足数字经济发展动力

从消费层面看，我国正处于消费升级期，数字消费又是消费的重点。从产业层面看，我国正处于产业升级期，大数据正成为与土地、劳动等同等重要的生产要素，智能制造正在引发新一轮制造业变革，数字化、虚拟化、智能化技术将贯穿产品的全生命周期，云计算、大数据、物联网技术等将加快向传统行业渗透切入，产业升级需求将孕育更加广阔的市场空间。从创新层面看，数字经济将成为创新创业的重要领域，具有规模的智力资源、资金资源将涌入数字经济领域，为其发展注入持续动力。

（三）政策创新将优化数字经济发展环境

后金融危机时代，各个国家都在数字经济领域发力，试图加快经济转型，实现可持续发展。我国也在近两年持续推出了多个规划、指导意见，以加快推动大数据、互联网等数字经济领域的发展。未来，国家对数字经济的重视，将推动相关产业政策的创新，从而进一步优化数字经济的发展环境。

（四）数字经济发展将加速完善保障支撑

推动数字经济发展，需注重配套保障建设。在基础保障方面，将进一步推进宽带网络升级、提高互联网普及率、发展新型应用基础设施。在创新保障方面，将加快信息技术创新步伐，推动数字技术与各领域的协同创新，打造公共创新服务载体，优化创业创新孵化空间。在安全保障方面，将加快建设关键信息基础设施安全保障体系，增强网络空间安全防御能力，加强数据资源和用户信息安全防护。在统计保障方面，将探索建设适应数字经济特点的统计体系，使数字经济发展成果可见、可观，为数字经济的进一步发展鼓足干劲。

（五）数字红利共享机制建设将加速推进

要实现共享发展就要让数字经济发展的红利实现普惠性释放，为此需要推进打造相关机制，比如数字就业促进机制、数字技能提升机制、数字精准扶贫机制、数字政府强效机制等。

（六）数字经济与资本的关系将更加密切

信息技术、互联网、云计算、大数据等已成为资本市场瞩目的焦点。未来，随着数字经济的发展，它与资本的关系更加密切。一方面，资本市场的大力支持将推动数字经济的发展；另一方面，数字经济的发展将提升效率，对资本市场长远发展产生积极影响。

（七）数字经济将成为推动全球化的新平台

数字经济本身就是全球经济，能够扩大贸易空间，提高资本利用效率，在促进市场竞争的同时催生创新。未来，随着数字经济的发展，将给世界各国带来新的全球化平台，各国有望通过数字市场的不断开放，加速国内市场和国际市场相互融合，实现互利共赢。

第三节　数字经济的应用技术

数字经济要在中国落地，需要动员各界的力量，运用数字技术来解决问题。"互联网+"是一个技术手段，数字经济是结果。作为数字经济发展的依托，网络信息技术产业是一个相对宽泛的概念，目前正以互联网、大数据、云计算、人工智能、区块链等技术为发展热点，为数字经济发展提供技术条件和产业基础。

一、宽带

宽带技术不仅在提高传统经济运行效率、方便民众日常生活、应对突发地理灾害等紧急状况以及经济社会生活其他方面发挥着积极的作用，而且可以驱动传统经济社会各领域发生实质性变革，特别是在数字经济发展的大背景下，如果人们无法拥有和利用最基本的宽带基础设施与相关技术，就会被整个社会淘汰。

(一) 全球宽带普及率喜忧参半

近年来，随着成本的不断降低，全球许多国家固定和移动宽带服务接入越来越普遍。特别是作为大数据、云计算、物联网、3D打印等数字技术基础的移动宽带水平代表着新一轮数字技术与数字基础设施的发展水平，其在逐渐向各领域渗透、融合与发展过程中，也催生出大量的数据，进而推动着数字经济进一步向前发展。

(二) 5G技术国际标准竞争日益激烈

移动互联网已成为大多数网民接入互联网的最主要方式，5G（第五代移动通信技术）的发展将使移动互联网普及程度进一步加深，和4G（第四代移动通信技术）相比，5G具有更宽的带宽、更高的速率、更高的可靠性和更低的时延等一系列优势，不仅可以满足消费者对虚拟现实（Virtual Reality，VR）、增强现实（Augmented Reality，AR）、超高清视频、智能互动等更高网络体验的需求，也能够更好地满足智能制造、智慧交通、数字政务等行业应用需求。美国、欧盟、中国、韩国等国家和地区为抢占5G技术发展的先发优势与制高点，均在不断加大对5G技术的研发投入力度，都希望在5G标准制定方面能够获得更大的主导权。5G技术已经更广泛、更深入地融合到智能制造、智慧医疗、智慧交通、智慧教育、数字政府等诸多传统领域，并促进这些传统领域逐步改造升级与创新，进而推动人类逐步进入万物互联的数字经济时代。

(三) "宽带中国"支撑数字经济发展

我国十分重视高速宽带网络建设，在中国大力提倡发展"互联网+"与数字经济的当下，宽带发展对于推进"互联网+"行动计划、推进"中国制造2025"、提升信息与数字消费、促进传统行业数字化转型升级、实现经济增长和结构升级都具有重要意义。目前建设"宽带中国"战略，已取得了突出成绩。

二、数据中心

（一）数据中心定义

数据中心也称互联网数据中心、运算速度在 1000 万亿次/秒以上的国家级超级计算中心等，其主要是为了让电子信息设备可以集中放置并达到充分利用而提供运行环境场所的电子信息系统机房，包括主机房、辅助区、支持区和行政管理区等，最近几年云计算数据中心的叫法才逐渐流行起来。

从 20 世纪 60 年代开始，数据中心的功能也在不断增加和完善：从最初的进行数据存储和管理的数据存储中心阶段到进行核心计算的数据处理中心阶段，再到提供业务支撑与单向信息资源服务的数据应用中心阶段，最后到目前既可进行数据存储、处理和备份，也可提供服务运营支撑与信息资源服务等诸多功能的数据运营服务中心阶段。目前的数据中心不仅包括计算机及与之相配套的监控、环境控制以及各种安全装置等硬件设备，还包括为数据的连接、存储、加工与传输提供服务的软件系统。在数字经济时代，数据中心已经从原本的数据存储转变为面向服务和应用的技术中心，成为必须包含更多存储资源、计算资源、通信带宽，能够支持大规模云计算应用的资源池与服务平台。

（二）数据中心关键技术

当前数据中心之所以能够保证云计算服务的低成本与高效率，还要实现绿色低碳节能的目标，背后离不开支撑数据中心部署和运营的网络架构设计、虚拟化技术、网络融合技术、绿色节能及安全技术等关键技术。随着数据中心在现代生产及生活中的作用日渐突出，这些关键技术必须不断升级换代才能持续降低构建和运营数据中心的成本，提高数据中心的服务效率。

总之，数据中心在现代生产及生活中的作用日渐突出，上面提到的各项关键技术必须不断升级换代才能不断提高数据中心的质量与服务效率，降低各组织在构建、使用和运营数据中心方面的相关成本，使数据中心更高效、可靠地服务于数字经济发展进程。

三、云计算

（一）云计算的定义与特征

云计算有狭义和广义之分。狭义的云计算仅指以按需、易扩展的方式获得所需 IT 基础设施的交付和使用模式；而广义的云计算描述了一种通过网络以按需、易扩展的方式提供数据资源、应用资源等动态虚拟化资源的新的硬件数字基础设施、软件系统及相关数字平台等不同 ICT 服务的增加、使用和交付模式，意味着计算能力也可作为商品或服务通过互联网或数字平台进行流通。

云计算体系由主要负责底层硬件配置、以数据中心为具体载体的硬件层，可利用虚拟化技术管理和调用底层资源池的基础设施层，操作系统和应用框架的平台层与直接为用户提供低成本服务性能的应用层四层组成。云计算通过对成千上万台设备和大量数据共享，可实现规模的动态伸缩，既可以灵活地满足用户因大规模计算对硬件设备的需求，又可以为客户提供低成本、高效率、高安全性和可靠性的服务。故云计算具有快速部署资源或获得服务、资源池多人共享可达到规模经济、按需提供自助服务、按服务范围收费、随时随地即可访问、用户对专业知识的依赖度降低等特征。

总之，云计算是由远程数据中心成千上万台服务器和电脑组成的，可以对外提供各种软硬件资源和网络服务的一种新兴的并行计算模式。在这种计算模式下，用户通过台式电脑、笔记本电脑、智能手机等各种终端设备就可接入数据中心，按需付费使用处理器、存储设备、应用程序及服务等云计算资源。可见，云计算是一种按使用资源收费的使用分布式大型数据中心为客户提供可扩展的虚拟化软硬件基础设施及相关服务的商业化模式。综合来看，云计算的本质是数字基础设施及相关资源集约化和标准化的共享，云计算的出现和快速发展，使计算、存储和应用数据资源成为与电力一样的公用资源，使每个企业不必都建设自己的数据中心，从而大大降低了企业使用相关资源的难度和成本，并专注于商业模式的转型、开发与创新，对整个数字经济的发展具有重大的推动作用。

（二）云计算相关技术

云计算是由分布式计算、并行处理、网格计算发展而来的新兴计算模式，其运行原理是透过网络将庞大的计算处理程序分拆成无数个较小的子程序，再交由多部服务器组成的庞大系统搜寻、加工、计算、汇总，然后再将最终结果传给用户。所以整个系统及运行过程依赖许多新兴技术完成，其中，用于大规模数据集并行运算的分布式编程模型，海量数据分布式存储与管理技术，包括存储虚拟化、计算虚拟化和网络虚拟化的虚拟化技术，借助自动化与智能化手段实现大规模系统可靠运营的云计算系统平台管理技术最为关键，通过这些技术云计算平台服务商可以在数秒之内，处理数以千万计甚至数亿计的信息，其中对于数据存储、加工、处理及管理等方面的特有技术在商业领域已得到广泛应用。国内外知名的互联网企业都在发展自己的云计算平台，Amazon 云平台、Google 云计算、Apple 云计算、Microsoft 云计算、IBM 云计算、阿里云、腾讯云以及我国三大电信运营商云计算平台（中国移动推出的"大云"、中国电信推出的"e云"、中国联通推出的"互联云"），都在国内外商业领域较为流行。

（三）云计算和数据中心的关系

数据中心是分布在不同的核心城市，为云计算提供基础支撑的数字基础设施，在数据中心的基础上，云计算才能提供包括基础服务和增值服务的计算模式，利用相关软硬件闲置资源，可见，云计算必然需要依托数据中心才能实现其价值，而云计算能力的进一步发展与提升又可促进数据中心规模的不断壮大，而数据中心的不断壮大又可为云计算发展提供更坚实的基础支撑，所以云计算和数据中心是相互依存、相互促进的关系。

四、大数据

（一）大数据的定义

大数据是将结构化数据和非结构化数据形成的数据集合综合起来，用来分析发现数据背后的相关关系的信息资产，是需要新的处理模式才能具有更强的决策力、洞察力和流程优化能力的海量、高增长率和多样化的信息资产。其实所谓大数据，就是由很多结构化、非结构化与半结构化的小数据组汇聚而成的。面对这些大数据，如果置之不理，其实就是一堆数据垃圾，因为杂乱无章的数据本身是没有用的，必须要经过一定的梳理才能称为信息，而大量的信息又会包含很多规律，从信息中将规律总结出来，就成为知识，然后将这些知识应用于实践与决策创造更大的价值才称作智慧，所以数据的分析应用大致分四个步骤：从数据到信息到知识再到智慧。从各种各样的数据中，快速获得有价值信息的能力就是大数据分析能力。

（二）大数据相关关键技术

大数据分析背后离不开支撑它的数据中心部署和运营的虚拟化技术、数据挖掘技术、大规模并行处理数据库、分布式文件系统、数据库和可扩展的存储系统等关键的技术。大数据相关关键技术的战略意义不仅在于收集、掌握海量庞大的数据信息，更在于通过对海量数据的过滤、筛选，进行专业化加工与精确分析处理，提升数据的增值与服务能力，进而上升为信息、知识，用于指导科学的决策。

（三）大数据与云计算

大数据分析常与云计算联系在一起，只靠一台机器设备要对海量的数据进行收集、整理、统计、汇总、处理、分析，在短期内很难实现，于是就有将大量的数据分成不同的小份，每台机器分别处理其中一小份，多台机器同时并行处理的分布式计算的方法，这就是大数据分析技术。可是随着整个社会存储的数据量越来越大，很多规模小或资金实力不足的公司不可能都拥有这么多的机器资源去处理海量的数据，或者如果自身购置大量机器设备资源一次用完后又会导致大量资源长时间的闲置，此时就可用到云计算服务，需要什么样的服务、需要多少服务、什么时候需要相关服务都可以随时有偿获取，这就是云计算，云计算就是将服务器、存储设备、网络、信息化应用系统等软硬件资源打包成"一朵资源池的云"，就是一种可以为客户提供按需服务并按用量收费的服务模式，可见大数据离不开云计算，大数据分析依赖于云计算提供的服务；云计算也离不开大数据，云计算依赖于大数据的分布式计算方法与技术，所以大数据与云计算也是相互依存的关系。

五、物联网

（一）物联网的定义

根据网络公开资料，进入数字经济时代，人类的生产和生活方式都在发生着颠覆性的变化，更方便快捷、更灵活智能的数字工具、数字技术与数字基础设施已经成为人类经济社会运行不可或缺的重要部分。而基础设施在数字经济时代的一个重要目标就是适应和满足万物互联的需要，即通过物联网把人与人、人与物、物与物所有的一切连接起来，引领我们走向更加美好的新时代。最初物联网的概念是由美国提出来的，指的是把所有的物品通过物联网域名相连接，进行信息交换和通信，以实现智能化识别、定位和跟踪等的一种网络概念，它是基于互联网之上对互联网的延伸与应用拓展，是通过"无线数传终端"使不可交流的物体与物体之间进行交流而实现信息化、远程管理控制和智能化的网络。

（二）物联网相关技术

就像互联网可以把世界各地的人们连接起来无障碍地交流和沟通，物联网依赖于无线宽带网络技术、无线射频识别技术、微型传感器技术等把全世界的人与人、人与物、物与物都连接起来，让它们得以沟通与交流。

无线宽带网络技术。与传统人际互联应用需要高带宽、长连续的互联网相比，实现物物互联的无线宽带网络技术主要需要覆盖范围广、传输距离长、不受终端设备位置限制、传输速度快，可为万物互联提供高速稳定而又低成本的互联手段。

无线射频识别技术，可通过无线电信号识别特定目标并读写相关数据进而达到控制、检测和跟踪物体的目的。其特点为：存储容量大、读取距离远、使用寿命长、防水防磁耐高温、数据可加密等。

微型传感器技术。物联网发展的基础是处于信息感知和处理末梢的传感器网，目前传感器已经遍布在我们生活的各个角落，高铁上的烟雾报警器、监控煤矿安全生产的粉尘和瓦斯传感器、探测火灾的温度传感器、监控桥梁强度的震动传感器等不胜枚举。随着物联网应用的日益普遍，处于各种传感器设备的"端"侧要保证可近距离、多维度、多参数地采集不同环境和事件的巨大、多元、复杂信息。

无线宽带网络与传感器技术的结合就出现了自组织无线传输传感器网络，在整个网络中，数据的传输与互联网传递方式下当某些网络节点出了故障，数据就会寻找其他合适的路径传输，在无线传输传感器网络中，当一些传感器失效的时候，数据可以通过其他传感器传递出来。无线视频识别技术和传感器的结合就是一个个智能终端，每个智能终端会标记出物体的身份、状态与特征，再借助无线宽带网络技术，用户虽身在千里之外，也如身临其境般可轻松掌控全局。

物联网的发展推动着人类社会物理现实世界与虚拟数字世界之间的界限逐渐消失甚至实现充分的融合，当然这也离不开高速的传输识别技术、无线宽带网络技术、无线射频识别技术、微型传感器技术等相关技术的有效配合。

（三）物联网与云计算

根据网络上相关的公开资料，随着基于互联网的信息传送与数字技术服务网络的新兴业务和应用范围越来越广，融合大量传感器网络多元信息采集功能的物联网，由于其广泛的信息获取、高效的数据传输、有效的数据与信息运用等功能，大多应用于长距离、低密度、低速率、低功耗、多终端的通信应用场景，对于数字基础设施中互联网、大数据等均提出特殊的要求，也必将对互联网、大数据产生重要影响；同时，由于物联网应用场景大多较为分散，未来也将出现更加复杂化与多样化的智能终端设备，这又必将对云计算的计算能力产生重大影响。可见物联网的发展对云计算有着重大影响，而云计算能力的极大提高，又可支持与满足更先进、更复杂物联网应用场景下企业计算机、智能终端设备等硬软件的有效运行、数据采集与分析等功能需求，可见，物联网与云计算也是相互依存、相互促进的关系。

六、人工智能

（一）人工智能的定义与分类

智能定义为能够进行抽象思维，能理解复杂理念，能够进行快速学习和从经验中学习等操作，进而提出问题、分析问题、解决问题。人工智能的概念较为宽泛，按照人工智能的实力可大致将其分成三大类：第一类，弱人工智能（ANI）：指只擅长于某个方面的人工智能，如只会下象棋可以战胜象棋世界冠军的人工智能；第二类，强人工智能（AGI）：指在各方面都可达到人类级别，人类能从事的脑力劳动，它都能和人类一样得心应手地去干，能和人类比肩的人工智能；第三类，超人工智能（ASI）：指在科学创新、通识和社交技能等几乎所有领域都比人脑聪明、都可超越人类大脑的人工智能。

（二）人工智能的关键技术

根据网络上公开的与人工智能相关的研究，人工智能技术关系到人工智能产品是否可以顺利应用到我们的生活场景中，从语音识别到智能家居，从人机大战到无人驾驶，依托相关技术，人工智能产品在不断升级，人们的生产与生活方式也因此发生了重大变化。人工智能领域包含了机器学习、知识图谱、自然语言处理、人机交互、计算机视觉、生物特征识别、虚拟现实/增强现实七个关键技术。

1. 机器学习

机器学习是人工智能技术的核心，涉及统计学、计算机科学、脑科学等诸多领域，主要研究计算机怎样模拟或实现人类学习行为的方式，从而以获取更多新的知识或特殊技能，并不断重新组织已有的知识结构使之不断改善自身的知识结构，提升相关的技能，特别是基于数据的机器学习研究如何通过观测样本数据寻找相关规律，并对未来数据或无法观测的数据进行进一步预测，进而指导相关的行为。根据学习模式的不同将机器学习分为监督学习、无监督学习和强化学习等，根据学习方法的不同可以将机器学习分为传统机器学习和深度学习。

2. 知识图谱

知识图谱本质上是一种由现实世界实体节点和表示不同节点相互关系的边组成的网状知识与数据结构，主要通过节点与边的相互连接描述现实不同实体之间的概念及其相互关系。通俗地讲，知识图谱就是把所有不同种类的数据与信息节点连接在一起而得到的一个关系网络，提供了从不同节点关系的角度去分析问题的能力。目前知识图谱通过异常分析、静态分析与动态分析等数据挖掘方法，广泛运用在业界搜索引擎、可视化展示和精准营销等方面，并表现出巨大的优势，此外知识图谱技术也可用于反欺诈、不一致性验证等公共安全保障领域。

3. 自然语言处理

自然语言处理作为计算机科学与人工智能领域中的一个重要方向，主要研究人与计算机之间如何通过自然语言进行有效沟通的各种理论和方法，主要涉及机器翻译、语义理解和问答系统等领域。其中，机器翻译技术是指利用计算机技术特别是基于统计和深度神经网络技术将一种自然语言翻译成另外一种自然语言的技术。语义理解技术是通过计算机技术阅读、对文本篇章上下文的理解进而精准回答与篇章文本相关问题的技术。语义理解技术可进一步提高问答与对话的精确度，未来将广泛运用在自动问答、智能客服等相关领域。问答系统包括开放领域和特定领域的对话与问答系统两部分，问答系统技术就是指让计算机可以像人类一样用自然语言实现与人充分交流的技术。

4. 人机交互

人机交互是人工智能领域重要的外围技术，是与认知心理学、多媒体技术、虚拟现实技术、人机工程学等密切相关的综合学科，主要研究人到计算机和计算机到人的人与计算机之间的信息交换，具体交换内容除了传统的基于智能设备的基本交互和图形交互外，还包括语音、情感以及体感等交互技术。

5. 计算机视觉

计算机视觉是使用计算机模仿人类视觉系统的科学，是让计算机拥有类似人类识别、理解、分析、处理图像及图像序列等视觉信号的能力，计算机视觉技术已广泛运用在无人驾驶汽车、无人机以及智能医疗等需要通过从相关图像等视觉信号中提取并处理信息的领域，根据解决的问题不同，计算机视觉可分为计算成像学、图像理解、三维视觉、动态视觉和视频编解码五大类。

6. 生物特征识别

生物特征识别技术是指通过对个体生理或行为等生理特征的分析，进而对个体真实身份进行识别与鉴定的智能化身份认证技术。生物特征识别的整个过程通常分为注册和识别两个阶段：注册阶段主要是通过图像及语音传感器采集人体的人脸、虹膜、指纹、掌纹以及声纹、步态等多种生物特征信息数据，并通过预处理技术对采集的数据进行处理，提取相应的特征并进行存储；识别阶段就是对提取的特征数据与存储的特征数据进行比对分析，完成身份识别、鉴定与认证。通过生物特征识别技术，既可完成一对多的辨认问题，即从存储特征数据库中确定待识别人身份的问题，也可完成一对一的确认问题，即将待识别人信息与存储数据库中特定单人信息数据进行比对进而确认身份的问题。

目前生物特征识别技术既涉及人脸、虹膜、指纹、掌纹等图像特征，也涉及音质、声纹等多种语音特征，所以其注册与识别过程既涉及图像处理、机器学习，也涉及计算机视觉与语音识别等多项技术，而这些生物特征识别技术已广泛运用在教育、医疗、交通、刑侦及其他公共服务领域。

7. 虚拟现实/增强现实

虚拟现实/增强现实技术是以计算机为核心的新型视听技术，在结合获取与建模技术、分析与利用技术、交换与分发技术、展示和交互技术以及技术标准与评价体系五个不同的处理阶段技术及其他相关科学技术的基础上，在一定范围内模拟生成与真实环境在视觉、听觉、触觉等方面高度近似的数字化环境，用户只要借助必要的数据获取设备、显示设备、触觉交互设备等智能装备就可实现虚实环境无缝融合，实现与数字化环境中的对象进行全方位智能化与舒适化现场自然交互，甚至相互影响，进而获得近似真实环境的感受和情感体验。

总之，人工智能技术在提高人们生产效率和生活质量方面显现出巨大潜力，既可能对传统产业链的生产、消费等经济活动环节进行重构，也可催生出新产品、新模式、新业态，彻底颠覆传统经济下的价值创造模式，重塑整个产业链，与此同时，人工智能技术的发展也将给各国数字经济发展带来巨大的挑战，如可能会对劳动力市场上的供求产生深远影响，导致工作岗位替代、传统职业消失、高数字技能员工，供给不足甚至冲击整个就业生态，还会引致一些新的政策与伦理道德问题，甚至会引发威胁人类生存等不可预知的问题，所以人工智能技术对人类来说既是机遇也是挑战，人们在享受人工智能技术带来的红利的同时，也应把如何应对发展人工智能可能产生的挑战与问题纳入考虑范围之内。

七、区块链

近年来区块链（Block Chain）技术处于高速发展期，在经历了比特币虚拟货币的 1.0 时代，只是提出概念以以太坊为代表的 2.0 时代后又进入支持复杂的商业应用的区块链 3.0 时代，区块链技术开始从金融领域不断向其他行业快速渗透与广泛运用，不仅推动着传统产业的转型升级，也成为推动全球经济转型与数字经济发展的不竭动力。

（一）区块链的定义与特点

区块链是一个分布在全球各地、能够协同运转的分布式核算、记录的数据存储系统，由于交易记录在此记账系统中分区块存储，每一块只记录一部分，同时每个区块都会记录前一区块的 ID（identity，身份标识号码），按交易时间的先后形成一个链状结构，因而称为区块链，其本质上是一种去中心化的、分布式新型记账系统。

区块链具有以下几个特点：一个是去中心化。由于账本是使用分布式核算和存储，又一起记录、共同持有的，所以区块链技术不需要中心服务器，不存在中心化的硬件或第三方管理机构，连接到区块链网络中的所有节点权利和义务都是均等的，数据块由整个系统中具有维护功能的节点来共同维护，相较传统账本记录读写权限仅掌握在一个公司或者一个集权者手上的中心化特征，减少了许多摩擦和时间成本。二是透明性。除了交易各方的私有信息被加密外，区块链上的所有数据对所有人公开，任何人都可以通过公开的接口查询区块链数据和开发相关应用，因此所有参与者的账本都公开透明、信息共享。三是安全性。区块链技术支持的交易网络中所有交易采用加密技术，使数据的验证不再依赖中心服务器，极大提高了全链条上发动网络攻击的成本和篡改信息的难度，维护了信息的安全性和准确性，降低了信用成本。另外，由于所有节点都拥有相同的全局账本，所以个别的账本被毁坏或消失不会影响到整体。

（二）区块链相关技术

根据网络上与区块链技术有关的公开资料，区块链是链式的数据结构、点对点去中心化网络技术、加密算法、共识算法、智能合约、公链、主链、侧链、跨链等技术融合创新的全新技术方案，这些技术几十年前就已经兴起，但最近几年才开始被广泛使用。

1. 链式的数据结构

区块链之所以被称为"链"，就是因为其数据结构的巧妙设计，把多个收支与交易记录通过大量计算打包为一个数据块，每个数据块都附加有版本号、时间戳、随机数等常规信息以及前一个数据块的哈希值，所有数据块都通过这种链状的结构连接起来，存储着所有交易的记录信息。

2. 点对点去中心化网络技术

不同于传统的服务器到客户端的服务方式，区块链中的所有节点都处于对等地位，每一个节点既是服务器也是客户端，且拥有所有交易记录数据，任何接入区块链的节点都有权获取所有的交易记录信息。

3. 加密算法：hash 函数、椭圆曲线密码

hash 函数包括消息摘要算法（MD）以及安全散列算法（SHA），是将任意长度的输入，经过不可逆的处理过程，转换为固定有限长度的输出内容，所以理论上存在着重复或碰撞的可能性问题，这也依赖于未来诞生计算能力更强、更高级别的加密处理机制去解

决。而椭圆曲线密码与传统的 RSA 非对称加密算法相比,所占用的存储空间与计算量更小,安全性却更高,所以椭圆曲线算法对于记录完整交易记录信息的每个节点与整个区块链都是极其重要的。

4. 共识算法

工作量证明机制(POW)的共识算法是指通过计算机的工作量,计算节点算力占全网算力的比例,证明其无差别的劳动价值,也决定着挖矿成功的概率。在工作量证明机制的共识算法下,挖矿、矿机及矿池等社会资源才成为整个数字货币产业链条中不可或缺的重要成分。

5. 智能合约

一个智能合约就是一套以数字形式定义的限定合约参与方执行相关协议的承诺,其本质为运行在可复制、可共享的分散式记账本上的一段计算机程序,在此程序下合约各方既可以维持自己的现有状态、控制自己的资产,也可对接收到的外界信息或者资产进行处理、储存甚至再发送。智能合约主要有两个系统:一个是使用 solidity 编写智能合约的以太坊,因多功能性和智能合约执行能力成为银行业与互联网金融行业的首选;另一个是起源于 Counter Party(合约币)项目的 symbiont,正在建立一个拥有比以太坊更加安全的代码库的智能合约系统,可以有效保证电子货币在不同情境下的安全流通。

6. 公链、主链、侧链、跨链等技术

根据网络上有关资料,公链,是公有链的简称,即全网公开,任何人不需要任何授权机制,都能随时加入与退出、读取、发送交易且交易都能获得有效确认的"完全去中心化"区块链。主链是有支链或侧链结构的链中链节数最多的链。侧链则主要用于解决公链交易吞吐量不足和交易速度限制的问题,起到进一步对公链拓展的功效,本质上是一种可以让数字资产在主链与其他区块链之间实现安全双向转移的协议。而跨链则是为解决两个或多个不同链上的数字资产功能状态互相交换、传递和转移等难题的协议,跨链的存在,不仅使区块链的可拓展性进一步提升,也使其可操作性进一步增强,使不同公链之间因数字资产交易困难导致的"数据孤岛"问题得以有效化解。

总之,包括移动宽带、云计算、大数据、物联网、人工智能、区块链、3D 打印等在内的数字技术日新月异的发展,必将对未来数字经济的发展进程及走向产生深远影响,在为人类带来更大便利的同时,也必将带来更多的新问题与新挑战,只有深入研究与了解这些技术的发展趋势,并进行适时控制与调节,使其向有利于人类发展方向发展,才能让技术更好地服务于广大民众。

第二章 数字经济的原理和产业组织理论

第一节 数字经济的基本原理

数据是国家基础性战略资源，是 21 世纪的"钻石矿"。数字技术以比特（bits）的形式呈现信息，有效降低了数据存储、计算和传输的成本。数字经济便是研究数字技术是否以及怎样改变经济活动的一种经济形态。了解数字技术的影响并不需要完全颠覆原有经济学理论，而是要思考当信息是用比特而不是原子（atoms）表示时，经济活动会有什么变化。

一、数字经济的供给侧特征

（一）数据成为关键生产要素

1. 数据要素的概念

首先要区分"大数据"与"数据要素"两个概念的差异。"大数据"具有 4V 的特点：数据量大、种类繁多、时效高和价值低。这些特点就决定了数字经济时代中的数据就像大海一样广阔无垠，且大多难以直接利用。因此，开启数字经济时代的关键点之一，就是如何寻找有价值的数据资源以及如何挖掘其潜在的商业价值。数字经济时代将大量的数据经过提取、加工、归纳、提炼之后具有某种应用价值，能够用于指导实践或商业化创新的信息或知识，可以称为"数据要素"。

人类社会进入信息化时代之后，先后经历了信息经济、网络经济和数字经济三个阶段。伴随着实践的进步，人们对于数据、信息和知识的认识也逐步深化。为了进一步理解数据要素这个概念的含义，我们沿用知识经济学中对上述三个概念的解释，并以此为基础引出数据要素的概念。

（1）数据、信息和知识

所谓数据，是指一系列非随机的符号组，代表了观察、测量或事实的记录，往往采取文本、声音或图像等形式。数据本身没有意义，但它是信息的原始资料，即数据可以通过有目的的加工处理成信息。

所谓信息，是指已被处理成某种形式的数据，这种形式对接受者具有意义，并在当前或未来的行动或决策中，具有实际的、可觉察到的价值。

所谓知识，是指人类对物质世界以及精神世界探索结果的综合，是系统化、理论化、科学化和专门化的认知结论。"4W"知识分类体系是：①知道是什么（know-what），指关于事实方面的知识；②知道为什么（know-why），指原理和规律方面的知识；③知道怎么做（know-how），指操作的能力，包括技术、技能、技巧和诀窍等；④知道是谁（know-who），包括特定关系的形成，以便可能接触有关专家，并有效地利用他们的知识，也就是关于管理的知识和能力。其中，后两种知识被称为"默会知识"或"隐性知识"，因为相比于前两种，它们更难进行编码和测度，默会知识一般通过技巧、诀窍、个人经验、技能等实践渠道获得。知识可以看作构成人类智慧的最根本的因素。

信息与知识在本质上是有区别的。信息能够很容易地被编码和传递，而知识往往比较模糊，难于编码化。知识作为人的认知能力的基础，实质上贯穿于每一个过程，包括把数据序化、整合，加工成信息，选择吸收有用的信息，或者将信息翻译成有用的知识等，这些都是一个个复杂的认知过程。只有当一个人知道如何使用信息，知道信息的含义、局限性和如何用它来创造价值的时候，才有所谓的新知识。知识与信息之间的关系是互动的，知识的产生依赖于信息，而相关信息的开发又需要知识的应用。应用信息的工具和方法也影响着知识的创造。相同的信息可以转化为不同种类的知识，这取决于分析的类型和目的。

以上四个基本转化过程可以视具体情况组合成简单或复杂的形式，用来详细描述知识（信息）的生产过程，即"数据—信息—知识—创新"。

（2）大数据与数据要素

我们正处于一个信息大爆炸时代，近几十年来，由互联网、物联网、移动终端所产生的海量数据已经超过了人类之前所产生的数据之和。这些具有碎片化和非结构特征的海量数据并不完全有利用价值，需要对其进行搜集、加工、整理、分析和挖掘。经过处理后的数据便成为数据要素，进而成为重要的资源或产品。

从要素的价值属性上来看，将大数据本身作为一种新的生产要素是不合理的，应当将数据要素作为新的生产要素。二者的区别在于：①大数据是对社会生产、消费或生活的电子化原始记录，由移动互联网或物联网上的各个终端生产出来，总量增长迅速，数据种类繁多，时效性很强，大多不能直接利用，价值密度较低。②当使用一定数字技术在较短时间内对大量电子化数据进行搜集、加工、整理、归纳和提炼以后，形成格式规范相对统一、价值密度相对较高的信息或知识的时候，可以称为数据要素。数据要素可以被用来指导某一领域的实践或者用于商业化创新。考虑到不论是信息还是知识，都具有一定的价值属性，因此在后文的分析中将统称为"数据要素"。

数据要素与数据、信息、知识、大数据的概念比较见表2-1。

表2-1 数据要素与数据、信息、知识、大数据的概念比较

数据的类型	数字经济时代之前				数字经济时代			
	名称	形态	价值	与创新的关系	名称	形态	价值	与创新的关系
原始的数据资料	数据	电子或纸质	价值含量低	一般不能直接刺激创新，但技术创新可以提高数据搜集效率	大数据	4V，电子化	价值密度很低	一般不能直接用于指导创新，但技术创新可以提高数据搜集效率
经过加工、处理之后的信息	信息	编码化	能够消除或缓解不确定性，有一定价值	技术创新可提高数据处理效率	数据要素（含信息和知识两类）	对大数据进行加工处理、归纳总结	价值	可用于指导实践或创新，同时技术创新可以提高大数据处理效率或带来新知识
经过归纳、总结的经验	知识	显性或隐性知识	可以刺激创新，有很高价值	二者互动性强，技术创新也可以带来新知识				

2. 数据要素是一种高级生产要素

一种观点认为大数据时代数据规模呈指数式增长，其总量将趋近于无穷大，数据生产的边际成本为零或者趋近于零，也就是说数据是非稀缺资源。这种观点并不准确，因为混淆了大数据和数据要素这两个概念。实际上，数字经济中人们关注的并不是繁杂无章、没有利用价值的海量数据，而是从海量数据中提取的规律性、启示性或预测性的信息或知识，这正是本书当中所指的"数据要素"的含义。

生产要素是经济学中的一个基本范畴，是指进行社会生产经营活动时所需要的各种社会资源，是维系国民经济运行及市场主体生产经营过程所必须具备的基本因素。生产要素

分为初级生产要素和高级生产要素。初级生产要素是指土地、自然资源、非技术工人等，仅需要继承或者简单的投资就可以获得；高级生产要素包括高技术人才、资本、技术等，需要在人力、资本和技术上先期大量和持续地积累才能获得。所谓高级生产要素，是指一个经济体需要经过多年积累才能够实现的，具有更高生产效率的投入要素。一般认为，自然资源和简单劳动力属于低级生产要素，因为其生产或开发并不需要很高的技术水平，容易被其他同类要素所替代，技术进步较慢，边际产出较低。而高级生产要素一般包括资本、高级劳动力、技术、卓越企业家等，其生产或开发需要耗费大量的人力、物力，且需要长期的积累才能实现，具有不易替代性，边际产出较高且容易发生效率改进。当一国的要素禀赋结构从初级要素转向高级要素，就能够建立起拥有更多话语权的竞争优势地位。

数据要素是一种高级的生产要素。随着多年信息化建设的深入推进以及移动互联网的迅猛发展，产生了源源不断的海量数据。特别是智能手机的出现，使得每个消费者都成了重要的数据生产者，而以智能手机为代表的智能终端所拥有的各种传感器便是新的数据源。智能手机等设备能够随时随地在需要的时候生成图像、视频、位置等数据，而这些数据在PC时代只有靠专用设备才能生成。这样海量而杂乱无章的数据需要在很短的时间内搜集、整理、加工和利用，甚至创新，这需要耗费大量的高级人力要素和资本要素。不同类型的数据要素可能有所差异，专用性较强的数据要素边际生产成本可能相对较高；通用性较强的数据要素初始成本相对较高，而边际成本则相对较低。同时，数据要素的供给并不是无限的，受高级人力要素的制约，大数据中蕴含的信息和知识的挖掘工作仍然是有限的，而这也造成了目前诸多行业对大数据领域高级人才的需求非常旺盛，"知识付费"也逐渐成为网络主流。

值得注意的是，技术革命所带来的信息流动和处理方式的根本变化，在信息的传递与处理方面极大地降低了成本且提高了效率，使得人类历史性地在极大程度上克服了信息传递与处理能力资源的稀缺性限制，同时也使得这种资源稀缺性更集中地体现在人类自身的有限理性层面。

(二) 数据要素的使用价值

数字经济通过以下四种路径对经济发展产生影响：第一，数据要素作为一种高级生产要素，具备生产性和稀缺性两个特征，当其进入生产函数之后，通过改变资本和劳动的投入结构实现成本节约，从而提升企业的产出效率；第二，信息不对称会对经济效率和竞争产生负面影响，数据要素通过降低搜寻成本缓解不完全信息问题；第三，数字产品的成本结构决定了其具有显著的规模经济特征，随着数字企业从初创期进入扩张期，对规模经济的追求将重塑企业竞争格局和产业组织形态；第四，与传统时代相比，数字技术创新周期加快，一方面通过技术创新提升了全要素生产率，另一方面通过刺激多样化、个性化的需求提升了消费水平。

1. 数据要素能够缓解不完全信息问题

受限于工业时代网络空间的发展程度，经济行为主体对经济系统内各类信息的搜集、整合、分类、加工和处理的能力相对有限。在数字经济时代，大数据、云计算和人工智能技术的发展大大拓展了经济行为主体获取信息的能力。一个基本的观点是线上搜寻成本低于线下搜寻成本，这是因为线上更容易搜寻和比较潜在的交易信息。数字技术带来了搜寻成本降低对价格及价格离散度、产品种类、市场匹配、平台商业和组织结构的影响。

数据的产生源自网络空间对物理和社会空间内各种关系的映射。在工业化时代，受信息技术水平的制约，网络空间和物理空间的映射关系相对松散。在数字经济条件下，通过机器学习和数据挖掘等手段，经济行为主体不仅能够获取正在发生事件的数据，其在一定程度上还能对将要发生的事件进行预测。同时，经济行为主体可获得数据的维度也在不断丰富，不仅包含数字化数据，还包含大量非数字化数据（图片、图书、图纸、视频、声音、指纹、影像等）。总之，网络空间的发展和相应技术手段的进步在一定程度上消除了经济系统内信息的不完全性，使生产和服务的供求信息更加精确化，从而为网络化和生态化的创新组织方式变革奠定了基础。

在新古典经济学的分析中，一般假定决策者拥有完全信息，并由此做出生产或消费决策。但现实生活并非如此，决策者在进行任何决策的时候都面临着不完全信息的困境，以及由此带来的决策结果不确定性。在数字经济出现之前，商业和金融决策者通常使用"满意和经验法则"进行决策；而随着数字技术的创新和应用，信息的匹配更为有效，虽然不可能完全消除不完全信息问题，但能够在一定程度上缓解这种困境。数据要素缓解信息不完全问题表现为以下两个方面。

（1）更有效地匹配消费者与供应商

在推销阶段，消费者数据库有利于精准定位目标群体和选择适宜广告模式。目前，大数据和云计算已经在部分具有相当实力的公司里发挥作用，如推荐系统、预测产品需求和价值等。企业同时可以访问消费者日常操作所形成的数据库，然后检查其有效性。虽然这还没有真正在实践中广泛推广，但依然为企业直接营销到下一个层次提供了机会，大大缩小了潜在消费者的范围，使企业变得有利可图。同时，当消费者在查询信息或是浏览网站、视频时，在主页面周边或是狭窄的缝隙里自动弹出消费者近段时间曾经搜索的相关信息的增值业务。例如，你曾经搜索过某一本书，则会有各种购书网站弹出广告以及相关的书籍信息。

在生产阶段，定制化服务有利于企业根据消费者偏好进行个性化生产。例如，通信业务的流量及通话套餐的选择，运营商不再强制消费者开通或购买所有业务，而是消费者根据自己的喜好和实际需求来选择定制业务，新的定价模式变得透明并能自由搭配，使得消费者满意度有所提高，运营商的竞争力也有所提升。企业与客户、合作伙伴在行业之间进行意见交换在极大程度上使消费者与供应商更加匹配。

在售后阶段，数字化资源库为供应商和消费者提供了有效的正反馈渠道。消费者可以很容易地通过点击鼠标或点击触摸屏访问海量信息和选择供应商，从而不再被迫支付他们不希望或者不需要的产品或服务，同时可以随时随地与其他消费者进行体验分享，供应商则可以通过跟踪消费者的体验通过返现、退换货等手段减少客户对产品的抵制情绪。

（2）更有效地匹配工作岗位

目前，对优秀人才的需求竞争非常激烈，人才对于企业的价值体现在劳务输出创新能力以及人才吸引等方面。在发达国家，人才创造了绝大部分的价值。随着我国经济转型和产业升级，可以预料到人才的需求竞争将会愈加激烈。但随着互联网化程度的加深，信息资源可获取性加强，企业员工流动性明显加快，员工的平均任期不断下降。

在互联网时代，人才和雇主的关系悄然发生变化，雇主和员工之间从商业交易转变为互惠关系。员工对企业的诉求不仅仅停留在薪资水平这一单一指标，这就需要通过科学的人力资源分析，让企业找到"猎取、培养和留住人才"的解决方案。现在已经出现专业公司和专业软件使用数据处理技术进行企业人力资源管理，主要应用包括人员招聘、培训管理、绩效管理和薪酬管理四个方面。

2. 数据要素的低复制成本决定了规模经济属性

由于数据要素是以比特形式存在并在互联网终端设备上存储和传播，一件数字产品被生产出来后，便可以通过低成本或零成本复制而无限供给。这一特征决定了数字产品在消费中具有非竞争性，即不同的消费者可以同时使用该产品而相互不受影响。不同消费者可以突破时空的限制使用同一产品的前提是，该产品是在互联网上生产、消费的。例如，由腾讯开发运行的《王者荣耀》游戏，最高同时在线人数达数百万，这些玩家玩的是同一种数字产品，互不影响。

一般认为，数字产品边际成本为零，但边际成本为零的简易微观经济模型与边际成本为正的模型并无太大的不同。数字产品与非数字产品最关键的区别是非竞争性，这意味着个体消费数字产品并不会减少其他人消费该产品的数量或质量，因为信息的分享并不会减少或损害初始信息。特别是在没有法律或技术限制排他性的情况下，任何人都能以零成本复制任何信息。

数字产品成本特征是研究与开发成本高、生产制造成本低，即高沉淀成本、低边际成本。数字产品多是知识、科技密集型产品，开发过程符合高科技产品的高投资、高风险的经济学原理。如耗资上亿美元的好莱坞巨制只需几分钟就可以拷贝到硬盘上,并且成本极低(几乎为零),这也说明数字产品的固定成本很高,但变动成本却很低。而且数字产品的固定成本大多属于沉没成本,若停止生产,前期投入的人力、物力、财力等固定成本将无法收回,不像传统产品那样,停止生产后可以通过折旧等方式挽回部分成本。比如投资兴建一幢办公楼,若中途决定放弃的话,可将其转卖出去收回部分成本,但如果正在拍的一部电影突然停下来,可能根本卖不出去电影脚本,自然不可能收回本钱。数字产品的可变成本,也有不同于传统产品的独特性。譬如,如果市场上对 Intel 的 CPU 需求增加,而且超出了 Intel 的生产能力,这时,为了满足更大的需求和获取更多的利润,Intel 就需要组织各种资源建立新的工厂,即当传统商品制造商达到其现有的生产能力时,生产的边际成本将增加。与此相反,数字产品的生产没有容量限制,即无论生产多少个副本,其成本也不会增加。以数字内容产业为例,中国的数字内容产业起步较晚,但经过几年的高速发展已经初具规模,初步形成了以移动内容服务为主,动漫、网络游戏、数字视听、在线学习和数字出版等快速发展的产业格局。目前,中国国民经济分类中还没有单独划分出数字内容产业,其相关内容分散在"电信和其他信息传输服务业,新闻出版业,广播、电视、电影和音像业,文化艺术业"等相关行业中。数字内容产品可以很容易地进行复制和传播,这就导致更多的用户可以通过比较低廉的成本获取产品,规模经济非常明显。

3. 数据要素的知识密集型特征有利于刺激创新

数据要素可被看作是一种知识密集型的产品,它可作为投入以创新的形式增加产出。创新涉及的是新的活动,但对信息的应用具有很强的不确定性。创新最初都发生于个人的大脑之中,依赖的是对信息的综合和解释,使其符合现有的认知世界。所有解决问题的活动都是用认知模式来评估什么信息是有价值的,都以有用的方式来组织信息。理解和整理新信息的过程要求我们将新信息转化成与个人有关的东西。作为一个既是认知性也是社会性的过程,创新需要知识、信息以及认知模式之间进行复杂的互动,在一个设想发展成为一种创新的过程中不断探讨、澄清和重新构思。

数据要素在产生的同时,一方面满足了消费者的消费需求,另一方面也催生了更多产品和服务的出现。位于生产端的数据从主要用于记录和查看,逐渐成为流程优化、工艺优化的重要依据,进而在产品设计、服务交付等各个方面发挥着愈发重要的作用。对智能产品和服务而言,从供应链到智能制造再到最终交付用户,所有环节都可以基于数据分析的结果实现价值链整合和系统优化的目的。从企业的角度来看,以数据流引领技术流、物流、资金流和人才流,将深刻影响社会分工协作的组织模式,促进生产组织方式的集约和创新。大数据的发展推动社会生产要素的网络化共享、集约化整合、协作化开发和高效化利用,改变了传统的生产方式和经济运行机制。大数据持续激发商业模式创新,不断催生新业态,已成为互联网等新兴领域促进业务创新增值、提升企业核心价值的重要驱动力。

二、数字经济的需求侧特征

数字经济的一个重要特征就是网络化——经济以网络的形式组织起来。不管是有形的还是虚拟的网络,都具有一个基本的经济特征:连接到一个网络上的价值取决于已经连接到该网络的其他人的数量,即只要是网络,就要受到所谓"网络外部性"(也称为"网络效应")现象的支配。值得注意的是,网络外部性并不是数字经济所独有的特征。有形的网络(如相互兼容的通信网络)或虚拟的网络(如一种产品的销售网络)都或多或少存在着网络外部性。对网络外部性的讨论早在20世纪70年代就已经开始了。但是在互联网广泛普及以后,尤其是5G时代来临之后,经济网络内的信息流动达到了前所未有的速度,生产、交换、分配和消费都与智能化的数字网络息息相关,这就使得网络外部性表现得愈发强烈。

(一)经济学关于外部性的解释

经济学中,外部性概念通常指当生产或消费对其他人产生附带的成本或效益时,外部经济效应就发生了。就是说,成本或效益被加于其他人身上,然而施加这种影响的人却没有为此付出代价。更确切地说,外部经济效果是一个理性人的行为对另一个人所产生的效果,而这种效果并没有从货币或市场交易中反映出来。从外部性的产生领域来看,外部性可以分为生产的外部性(由生产活动所导致的外部性)和消费的外部性(由消费行为所带来的外部性);从外部性的效果来看,外部性包括负外部性和正外部性。

主流经济学认为,外部性是"市场失灵"的主要表现之一。一个有效的市场制度要发挥其经济效率,一切影响都必须通过市场价格的变动来传递。一些人的行为影响他人的福利,只要这种影响是通过价格传递的,即这种影响反映在市场价格里,就不会对经济效率产生不良的作用。然而,如果一个人的行为影响了他人的福利而相应的成本收益没有反映到市场价格中,就出现了外部性。外部性可以是正的,也可以是负的。如果一个人的行为伤害了另一个人,而他也并不因此而付出代价,就产生了负的外部性。例如,甲经营的工厂向一条河流排放废弃物,而乙却是以在这条河中捕鱼为生,甲的活动直接影响了乙的生计,但却并没有通过价格的变动得以反映,即甲的行为产生了负的外部性。外部性最重要的应用之一就是关于环境治理的讨论,其中最为经典的就是污染问题,即负的外部性。

总结上面的分析,如果所有的行为都能反映在价格里,就意味着私人的成本收益与社会的成本收益是一致的，市场制度会自动地使资源配置达到帕累托最优。外部性的存在意味着生产者面临的边际成本并不反映增加生产的所有社会成本，或者个人的消费边际收益并不等于社会收益。如果获得的收益并不完全归于直接生产者，或者如果私人生产成本没有反映总的社会成本，那么竞争性市场的选择可能不是社会的效率选择。虽然私人按照边际收益等于边际成本的原则来决策，但外部性的存在使这种决策对整个社会经济效率不利。

那么，外部性是如何对资源配置产生错误的影响呢？外部性出现在一个行动如果给其他人带来附带的收益或损害，而并没有人因此对产生外部性的人进行相应的支付或赔偿，由此产生价格系统对资源的错误配置。外部性产生效率问题是因为外部成本或收益通常不将引起外部效应的消费者或生产者考虑进去。如果某种活动产生了负的外部性，那么生产者和消费者就会低估该活动的社会成本，并且按照社会观点来看过多地选择那种活动；如果消费和生产给那些没有考虑进去的人产生收益，消费者或者生产者因此低估了社会收益，那么，那种经济活动的选择就会太少。

无论是正的外部性还是负的外部性，由于其不通过市场价格，都会造成私人收益或成本与社会收益或成本的不一致，从而破坏市场应有的效率，造成资源配置的扭曲。外部性作为市场失灵的主要表现之一，无法完全通过市场手段来使之内部化，必须借助市场之外的力量（政府、法律、道德）解决外部性问题。

(二) 网络外部性

1. 网络外部性的定义和分类

（1）网络外部性的定义

随着信息化时代的到来，数字产品所表现的网络外部性更多地表现为消费的正外部性。消费者在选择购买或消费某种数字产品时，不仅考虑该产品本身的效应（比如：功能强大、操作便捷、价格低廉等），更考虑到未来可能实现共享信息的用户数量和适用范围。数字产品的这个特性集中表现为用户购买行为的"从众效应"或"追赶潮流"，消费者会倾向于购买那些已经被广泛采用的标准化或普及化的产品。例如高德地图的使用者越多，每个使用者的轨迹和坐标被记录的数据也就越多，基于这些位置大数据所开发出来的数字产品的价值含量就越高、功能也就越强大，就会吸引更多的消费者来使用其数字产品。这就是所谓的网络外部性，是数字产品表现的重要微观经济特性之一。

值得注意的是，数字产品网络外部性的出现对于产品价值的认识提出了新的挑战，产生了重要影响。数字产品的价值已不再集聚于产品本身所具有的属性，而是外延至整个产品网络。

(2) 网络外部性的分类

网络外部性分为直接网络外部性和间接网络外部性。直接网络外部性是指由于消费相同产品的市场主体的数量增加后通过正反馈效应放大了数字产品的使用价值。即由于消费者对数字产品的需求存在相互依赖的特征，消费者获得产品的效用随着购买相同产品的其他消费者数量的增加而增加。直接网络外部性的基础是梅特卡夫法则；而间接网络外部性则是指市场中介效应，即通过对互补产品种类、数量、价格的影响，而对原有产品用户产生的外部性，其本质是一种范围经济。间接网络互补性产生的主要原因是产品自身的互补性，基础产品的消费者越多，则对互补性的辅助产品需求就越大。例如，即时通信工具微信的消费者之所以选择微信而不是其他的通信工具，除了微信本身的功能强大之外，一个主要的原因是自己的亲朋好友也都选择了微信作为通信工具，这样大家交流起来就很便利，这就是梅特卡夫法则所导致的直接网络外部性；而微信的使用者中有相当的一部分人会使用微信支付、微信理财或微信借贷等其他辅助产品，微信的使用者越多，其辅助产品的使用者相对也会越多，这就是所谓的间接网络外部性。

2. 梅特卡夫法则

梅特卡夫法则（也称"梅特卡夫定律"，Metcalf's Low）是一种网络技术发展规律，是由 3Com 公司的创始人、计算机网络先驱罗伯特·梅特卡夫提出的。

梅特卡夫法则，是指网络的价值会随着网络里节点数目的乘方而增加，其核心思想可以说是"物以多为贵"。解释网络参与者相互依赖所产生的效用函数可表示如下：

$$V = Kn(n-1) \tag{2-1}$$

式中，K 为价值系数，n 为用户数量。在基础设施成本一定的情况下，使用的用户越多，则其带来的价值就越大，一个网络的经济价值是按照指数级上升的，而不是按照算数级上升的。具体来说，如果一个网络对网络中每个人的价值是 1 元，那么规模为 10 倍的网络的总价值约等于 100 元，规模为 100 的网络的总价值就约等于 10 000 元。网络规模增长 10 倍，其价值就增长 100 倍。

梅特卡夫定律不仅适用于电话、传真等传统的通信网络，也同样适用于具有双向传输特点的像 Internet 这样的虚拟网络世界。网络的用户越多，信息资源就可以在更大范围的用户之间进行交流和共享，这不仅可以增加信息本身的价值，而且提高了所有网络用户的效用。另外，由于网络经济条件下，信息技术和信息系统的不完全兼容性及由此带来的操作、使用知识的重新培训等造成的转移成本，用户往往被锁定在一个既定的用户网络内，从而保证了这一网络的一定规模。网络内的用户则由于信息产品的相互兼容性，彼此之间的文件交换和信息共享就成为可能。而网络用户数量的增加就使得用户之间信息的传递和共享更为便捷，网络的总效用增加且同样以用户平方数量的速度增长，这恰恰符合梅特卡夫定律。总而言之，梅特卡夫法则概括的就是连接到一个网络的价值，取决于已经连接到该网络的其他人的数量这一基本的价值定理，即经济学中所称的"网络效应"或"网络外部性"。梅特卡夫法则其实是对于"需求方网络外部性"的一种简单的表述。

梅特卡夫法则决定了新科技推广的速度，这是一条关于网上资源的定律。使用网络的人越多，数字产品的价值就越大，也越能吸引更多的人来使用，最终提高数字产品的总价值。当一个数字产品已经建立起必要的用户规模，它的价值就会呈爆发性增长。一个新产品多快才能达到必要的用户规模，取决于用户进入网络的代价，代价越低，达到必要用户规模的速度也越快。有趣的是，一旦形成必要的用户规模，新产品的开发者在理论上可以提高对用户的价格，因为这个新产品的应用价值比以前增加了，进而衍生为某项商业产品的价值随使用人数而增加的定律。从总体上看，消费方面存在着效用递增——即需求创造了新的需求。

信息资源的奇特性不仅在于它是可以被无损耗地消费的（如一部古书从古到今都在"被消费"，但不可能"被消费掉"），而且信息的消费过程可能同时就是信息的生产过程。数字经济时代，网络消费者在消费数据要素的同时，可以催生出更多的知识和感受，同时其行为活动也被记录下来成为大数据的一部分。互联网的威力不仅在于它能使信息的消费者数量增加到最大限度（全人类），更在于它是一种传播与反馈同时进行的交互性媒介（这是它与报纸、收音机和电视不一样的地方），即网络具有极强的外部性和正反馈性。所以梅特卡夫断定，随着上网人数的增长，网上资源将呈几何级数增长。

三、数字经济下供求互动重塑竞争优势

在全球信息化快速发展的大背景下，大数据已成为国家重要的基础性战略资源，数字技术成为国家之间竞争的新领域，数字经济的迅猛发展正在重塑国际竞争的新格局。

（一）数字经济下供给与需求的互动机制

1. 数字经济时代生产与消费的同一性

"消费与生产之间的同一性"命题，是马克思在他为《资本论》创作而准备的《〈政治经济学批判〉导言》中第一次提出来的。在《〈政治经济学批判〉导言》的开篇，马克思首先讨论了"生产、消费、分配、交换"，把消费摆在了生产的后面。他写道："生产表现为起点，消费表现为终点，分配和交换表现为中间环节""消费这个不仅被看成终点而且被看成最后目的的结束行为，除了它又会反过来作用于起点并重新引起整个过程之外，

本来不属于经济学的范围。"① 这清楚地表明了三个要点：①消费是生产的最终目的；②消费是社会生产的终点和社会再生产的起点；③作为社会生产和再生产环节的消费，是经济学所必须予以讨论的。

虽然上述观点是在工业时代提出来的，但"生产与消费同一性"的观点在数字经济中仍然具有极强的生命力，具体包括以下几点。

（1）数字消费是数字生产中创新的动力来源

"消费与生产的同一性"说明，消费为生产创造了内在的对象、目的的需要。经济现实中，有的产业、产品因为消费萎缩而萎缩，或因消费的推动而出现、成长和兴盛。一个国家、一个地区的产业结构和产品结构会随着社会消费趋势的变化而变化，消费引领产业创新。个人消费者希望能够更加快速、精准地找到自己需要的商品，大数据精准营销便产生了；企业需要能够更加快速地筛选出能干、忠诚、合适的员工，大数据人力资源管理便应运而生；老百姓出行希望能够提早了解前方的各种路况并提前做好路线计划，智慧交通系统出现了并不断完善；当数据量越来越大而超过了一般企业的储存和处理能力的时候，云计算便诞生了。不仅如此，在数字经济时代，新产品的创新周期和生命周期都大大加快，各种类型的创新层出不穷，但无论哪一种，都是为了更加有效地解决某种消费需求的问题。

（2）数字消费和数字生产相互渗透

数字经济时代，数字消费和数字生产呈现"你中有我，我中有你"的关系。

一方面，数字生产要从市场的数字消费需求出发。大数据时代中数字的生产大体分为两个阶段：大数据的生产阶段和数据要素的生产、应用阶段。在第一阶段，大量社会主体的行为信息被记录下来，这些大数据本身并没有什么价值；在第二阶段，数据要素的生产主体会根据社会需求对大数据进行搜集、筛选、处理和加工形成数据要素，再加以应用或创新之后形成数字产品。这些数字产品的生产是以消费为目的，并通过消费才得以实现价值。

另一方面，消费者在消费的过程中也在生产着大量的数据。目前的信息技术条件下，无数的终端正在时时刻刻生成着天量的数据，包括移动互联网终端、物联网终端以及传统的 PC 端等，这些终端背后对应着某一个自然人或者机构、物体，它们的行为随时随地被记录并形成数据。这对应着数字经济生产的第一个阶段，也为数字经济生产的第二个阶段以及最终数字产品的形成提供了最基本的数据来源。

---

① 陈玉和，韩鹏.《<政治经济学批判>导言》内容解析及现实意义[J]. 新西部（理论版），2013，（第20期）：4-5.

(3) 消费和生产的良性互动推动数字经济快速扩张

马克思的研究表明,生产与消费之间存在着矛盾。市场经济条件下,生产与消费矛盾的主要方面在于生产。在传统经济时期,企业不断扩大规模生产更多标准化产品的做法无法满足消费者日益增长的对个性化、差异化产品的需求。进入数字经济时代,借助于高速运转的网络和数据处理系统,定制化生产逐渐成为主流,一方面满足了消费者对个性化、差异化产品的需求,另一方面也能够使企业实现规模化运营,获得更高的利润。不仅如此,结合梅特卡夫法则可知,随着用户规模的增长,企业生产的数字产品价值将以指数式增长,而产品数量和种类的增多又会反过来刺激消费需求,这种螺旋式的上升必将推动数字经济呈现出快速扩张的态势。

数字经济的特征之一就是平台化,生产者和消费者在互联网平台上进行价值互动。基于双边市场理论,平台中的消费者和生产者均能从对方数量和质量的增加中获益。这一效应被称为"交叉网络效应"。首先,平台化企业通过提供平台将消费者和其他生产者引入平台,实现用户价值的自我增值,平台提供者收取服务费。其次,平台具有部分市场特性,在平台内的生产者和消费者之间的协商成本并不需要由平台企业承担,降低了平台企业的管理成本和销售成本。最后,平台化企业在提供平台的同时,获取了大量关于生产者和消费者的数据,这些数据通过数字技术的挖掘处理,能够优化企业自身产品设计,最终提供更有竞争力的产品。

2. 网络正反馈与马太效应

马太效应可归纳为:任何个体、群体或地区,一旦在某个方面(如金钱、名誉、地位等)获得成功和进步,就会产生一种积累优势,就会有更多的机会取得更大的成功和进步。在网络经济中,共享程度越高,拥有的用户群体越大,其价值就越能得到最大程度的体现。网络的正外部性会产生正反馈,而正反馈使强者更强、弱者更弱,在最极端的情形下,正反馈可以导致赢家通吃的垄断市场,这就是所谓的"马太效应"。

信息化活动中优劣势强烈反差的马太效应,即正反馈效应,是指在信息活动中由于人们的心理反应和行为惯性,在一定条件下,优势或劣势一旦出现,就会不断加剧而自行强化,出现滚动的累积效果。因此,某个时间内往往会出现强者恒强、弱者恒弱的局面,甚至发生强者统赢、胜者统吃的现象。这种效应的产生是源于梅特卡夫定律,当其发展到极端情况下就会出现马太效应。马太效应的结果通常会导致数字产品的生产者市场出现寡头垄断或完全垄断的市场结构。

尽管网络外部性是网络经济中正反馈的主要原因,但网络外部性和正反馈是两个概念。首先,正反馈并不是一个网络经济下出现的新事物。事实上,在传统经济下,供给方规模经济所实现的收益递增也是正反馈的一种表现形式,但是由于基于供给方规模经济的正反馈具有自然限制（即边际收益递减和管理大组织的困难），使得基于制造业的传统规模经济通常在远远低于控制市场的水平就耗尽了，超过这一点正反馈就不再存在而是负反馈开始起主导作用，这种经济现实使得正反馈一直没有引起人们的关注。但是当人类社会发展到信息经济和网络经济时代，网络外部性广泛存在，基于市场需求方的规模经济在市场足够大的时候不会产生分散，再加上基于供给方的规模经济，导致在网络经济中，正反馈以一种更新的、更强烈的形式出现。其次，从网络外部性到正反馈，还需要其他的一些条件，如基于供给方的规模经济同样对网络正反馈的形成起着重要的作用。

首先，需要成本优势。由于实现正反馈的前提条件是边际收益递增，这不仅需要网络外部性带来的需求方规模经济，还需要边际成本的降低，否则需求方规模经济带来的收益递增将可能被成本因素所抵消，导致规模经济不显著或不存在，从而无法实现正反馈过程。而数字产品正好具有特殊的成本结构：高固定成本、低边际成本。如微软公司的Windows 95，设计十分复杂，而且需要巨额研究与开发的成本，第一张盘片花费了2.5亿美元，但是第二张、第三张的成本却仅仅需要几美分。而且在这一产品的生命周期中生产得越多，单位产品的成本也就越低。这意味着在这样的成本优势下，需求方规模经济不容易出现自然限制的问题，而可以实现正反馈过程。这正是网络经济中正反馈现象广泛存在的重要原因之一。

其次，网络外部性要引发正反馈过程，必须达到一定的规模，就是我们通常所说的临界容量。网络外部性告诉我们，大网络的价值大于小网络的价值，但是，只有当网络达到某一个特定的规模，正反馈才开始发挥作用，从而实现强者恒强、弱者恒弱，否则依然无法实现正反馈。与网络规模相关的一个问题是市场对产品需求的多样性。即使在一个网络外部性很强，需求方规模经济程度很高的市场中，如果市场消费者对产品的需求是多样化的，这意味着一种产品可能难以达到引发正反馈的网络规模；相反，如果市场中产品的多样化程度较低，网络外部性引发正反馈的可能性就大些。

3. 路径依赖与转移成本

（1）路径依赖

路径依赖是从其他学科"溢出"到经济学中的一个概念。在经济学中，经济学家们用路径依赖来表示即使在一个以资源抉择和个人利益最大化行为为特征的世界中，经济发展过程中的一个次要的或暂时的优势或是一个看似不相干的事件都可能对最终的市场资源配置产生重要而不可逆转的影响。路径依赖隐含两个重要特征：其一，历史的重要性。在经济学和其他的社会科学中，科学家们一直都承认历史是十分重要的。但是，对历史重要性的承认本身并不是路径依赖，而仅仅是路径依赖的前提条件之一。路径依赖所强调的一个观点是：我们目前的经济环境可能在很重要的程度上有赖于历史上的一些突然转折和偶发事件，即对这些事件的依赖性很可能是以一种非常任意的形式进行的。我们从历史所继承下来的现在或我们将建设的将来都可能不是来自那些重要的已知事物或是经济历史的不可避免的推动力量——而是可能来自那些如果我们意识到它们将会产生怎样的影响，我们就可能轻易改变的小事物。也就是说，当历史上的一些令人意想不到的事件以一种令人意想不到的方式影响、决定并控制了历史的发展时，就产生了路径依赖。其二，不可逆转的选择。很显然，如果路径的选择是可以很轻易地发生改变，那么就不称其为"路径依赖"了。因此，在经济学关于路径依赖的讨论中，都或明示或暗示地与选择的不可逆转相互联系。实际上，这里的不可逆转就是我们所讨论的"锁定"。因此，路径依赖概念的一个关键判定就是具有"被历史事件锁定"的特征，尤其当这些历史事件并不重要时路径依赖的特点就更为显著。

（2）转移成本

锁定是指由于各种原因，导致从一个系统（可能是一种技术、产品或是标准）转换到另一个系统的转移成本高到转移不经济，从而使得经济系统达到某个状态之后就很难退出，系统逐渐适应和强化这种状态，从而形成一种"选择优势"把系统锁定在这个均衡状态。要使系统从这个状态退出，转移到新的均衡状态，就要看系统的转移成本是否能够小于转移收益。

转移成本显然是和锁定相联系的一个概念。转移成本实际上是对路径依赖程度和锁定程度的衡量。当产品和技术的标准化还不健全的时候（或者说系统之间不兼容），消费者和厂商如果自愿从一个网络转移到另一个网络，他们将不得不面临诸多障碍，正是转移成本造成了这种障碍，它阻止了市场主体进入另一个网络。转移成本具体来说可分为两类，即私人和社会转移成本。私人转移成本，包括在最初采用的技术中所含的沉没投资，转向用新网络所需要的支出。社会转移成本则需要把市场主体当前正在享有的网络效应与预期从转移中可以获得的潜在的网络效应进行对比。转移成本把不对称的价格强加于具有沉没投资的用户和在现有技术中没有沉没投资的用户之间。当转移成本高于收益时，转移是不经济的，这时就将出现对现有系统的锁定和路径依赖。

在网络经济中，锁定和转移成本是"规律"，而不是"例外"。有关锁定的例子随处可见，比如，当一个DOS用户考虑使用另外一种操作系统时，则该用户必须考虑以下问题：应用于新操作系统中的软件的多样性及有效性，转化文件、工作表格和数据库格式将产生多大的影响等等诸如此类的问题。所以一旦用户选中用某种技术或格式存储信息，转移成本将会非常高。我们中的大部分人都体验过从一种电脑软件转移到另一种电脑软件的代价：数据文件很可能不能完好地转换，出现与其他工具的不兼容。与之相类似，一家选择了思科系统公司技术和结构以满足其内部联网需要的大企业将会发现，更换一个不兼容系统的成本高得惊人，因而在相当程度上被锁定在思科的私人产品中。从原则上讲，锁定的情况对供应商是有利的，如果供应商成功地用自己的系统结构抓住了用户，他们将在未来的购买中赢得垄断地位。尽管如此，当供应者滥用垄断地位，长期地"锁定"用户时，会引起用户的极大不满，有时甚至使用户不顾成本转向其他系统。

网络外部性及转移成本的存在，使用户容易被锁定在某种产品的路径依赖中，这种产品也因此可以独享某种垄断地位，更为重要的一点是，路径依赖告诉我们该种产品也许仅仅是因为偶然的原因才如此幸运地进入了这种正反馈循环，而并不是靠其质量取胜。而一旦进入了垄断的正反馈机制，其他的产品即使质量再好、价格再合理，也难以与之抗衡。一直到被具有高期望值的新技术的威胁时垄断才会被打破，这时重新开始新一轮的市场竞争。网络经济的这种"市场失灵"效应是由该网络产品本身的技术特性所决定的。

（二）全球主要国家数字经济竞争格局演化

当前，信息网络技术加速创新，以数字化的知识化和信息为关键生产要素的数字经济蓬勃发展，新技术、新业态、新模式层出不穷，成为"后国际金融危机"时代全球经济复苏的新引擎。近年来，各主要经济体纷纷将发展数字经济作为推动实体经济提质增效、重塑核心竞争力的重要举措，并进一步推动数字经济取得的创新成果融合于实体经济各个领域，围绕以新一轮科技和产业制高点展开积极竞争与合作，主要集中在与新一代信息技术高度融合的现代制造业。

基于各国既有的产业结构、技术基础和要素禀赋，在供给和需求的交互作用之下各国的数字经济呈现出不同的竞争态势。各国政府在数字基础设施和数字治理能力方面的差异，以及在数字经济领域中国际竞争与合作程度的加深，都深刻地影响着全球数字经济的竞争格局。

第二节 数字经济的产业组织理论

数字技术的广泛应用不仅影响到宏观生产率，而且深刻变革了产业的组织形式，也改变着企业的运营模式，并带动就业结构的演变。企业所处行业的数字化程度越高，企业的盈利水平也越高。

一、结构：数字经济市场中的不完全竞争

特定市场内部企业间的关系，主要是垄断与竞争的关系。按竞争激烈程度，可以分为

完全竞争市场和不完全竞争市场。其中，不完全竞争市场包括垄断、寡头垄断和垄断竞争三种形态。数字经济市场中以寡头垄断和垄断竞争两种不完全竞争市场结构为主。一般来说，数字化平台的市场结构常表现为寡头垄断形态，非平台型企业的市场结构则以垄断竞争的形式居多。此外，市场结构还与产品的生命周期阶段有关，在产品生命周期的创新阶段，常表现为群雄逐鹿的垄断竞争格局，而随着技术逐渐成熟和成本的降低，"大鱼吃小鱼、快鱼吃慢鱼"的结果将导致少数几家行业巨头的寡头垄断格局逐渐形成。不管怎样，在数字经济时代，竞争和合作并不是一成不变的，竞争对手和合作伙伴的身份常常相互转变，收购、入股、兼并、拆分轮番上演，让我们感叹于数字时代令人眼花缭乱的企业竞合态势的同时，更希望找出其背后的规律以及支配企业行为的内在动因。

（一）数字化企业的规模

如上文所述，数字化企业的规模大小与其数字化转型之后对内外部交易成本的降低程度有关：当内部交易成本的降低幅度更大时，企业的规模会增大；而当外部交易成本的降低幅度更大时，企业的规模会缩小。也就是说，数字化企业的边界与企业类型是有关的。一般而言，对于以消费者数量为核心竞争力的平台型企业，数字化所带来的网络效应提升了企业的内部规模经济和范围经济，大大降低了内部交易成本，为了强化垄断势力，这类企业的边界会不断扩张；而对于以差异化产品（或技术）为核心竞争力的非平台型企业，其倾向于通过加快创新步伐来制造差异化产品，数字化在削减外部交易成本方面表现得更加明显，因此这类企业的规模扩张速度相对有限。

1. 平台型企业

平台（platform）是一种现实或虚拟空间，该空间可以导致或促进双方或多方客户之间的交易。随着信息技术的加速创新和互联网的普及应用，平台经济正在迅猛发展，越来越多的平台型企业涌现，并催生了平台经济发展的大潮。在"互联网+"的大背景下，平台经济更加活跃，成为经济生活中最有活力的一部分。平台价值随着用户数量的不断增加而增加，当今最有价值的企业是那些能够"编制"协调巨大网络的平台企业，而不是那些将大量资源集中于一身的传统企业。

从内部规模经济角度来看，传统企业实现的是供给方规模经济，而互联网平台实现的是需求方规模经济。在工业经济时代，传统企业为了降低单位产品成本，提高经济效益，纷纷扩大生产规模。但随着生产规模的不断扩大，企业内部的交易成本和管理难度也相应地上升和加大，使得企业的规模不能无限扩大。每个企业都在既定的规模下进行生产，进而使得每个企业所创造的价值和价值增长幅度有限。在数字经济时代，平台企业成功的基石是网络效应，又称为需求方规模经济，即随着越多的用户接入平台，平台的价值呈非线性增长（梅特卡夫法则）。以微信为例，诚然，开发微信软件存在一个供给方规模经济（即前期研发成本大、后期复制成本低），但市场上有好几种与微信性能相似的软件，其技术和功能并不差，而其市值与微信相比显得微不足道。微信拥有的天价市值是因其被广泛应用，微信拥有十几亿用户，正是因为用的人多，所以大家才更愿意使用它。也就是说，与供给方规模经济不同，需求方规模经济不会随着规模的扩大而出现规模不经济。因此，平台型企业倾向于不断扩张其边界。

2. 非平台型企业

非平台型企业变得更加小型化、专业化。在工业经济时代，传统的大公司以大批量、标准化的刚性生产方式进行生产，主流的供应链形态为线性供应链，与之相对应，企业组织庞大，层次繁多复杂，内部交易成本高昂。在这种生产模式中，企业是主导生产什么、如何生产的一方，而消费者则是孤立的，被动接受产品的一方。随着物质产品的不断丰富，消费观念的不断升级，消费者越来越注重个性化的体验，传统的大规模、标准化生产方式在海量品种、小批量的市场需求下越发显得力不从心，应对不了消费者日益变化的个性化需求。产品的标准化、大批量生产供给与消费者的海量品种、小批量需求之间的矛盾导致消费品市场供大于求，大量消费者的个性需求无法满足。据麦肯锡的一份调研报告，在20世纪70年代之前，市场需求预测准确率超过90%；然而新千年前后，市场预测准确率仅有40%~60%。[①] 这意味着企业生产的产品中约有一半是消费者不需要的。面对日益复杂的消费者个性化需求和市场环境，传统企业的组织架构遭遇到前所未有的挑战。在数字经济时代，以"云、网、端"为代表的基础设施日臻完善，企业外部的交易成本比内部交易成本下降更快，继续维持臃肿庞大的组织结构显得非常不经济，从而使大企业裂变为小企业，将非核心业务外包，从事专业化生产。另外，与大企业相比，小企业更加机动、灵活，更能适应海量个性化定制的需求，更能对瞬息万变的市场环境做出迅速反应。因此，企业开始向小型化、专业化转变。

（二）产业融合改变企业竞合态势

1. 产业融合的含义和类别

从不同的视角对产业融合的定义进行阐述。基于技术融合和数字融合的视角，产业融合是由于技术融合和数字融合引起的产业边界模糊化。基于产业组织视角，产业融合是随着产业边界的模糊化使原本独立的产业和企业之间出现新的竞争与合作关系的过程。基于产业融合演化过程的视角，产业融合需要先后经历技术融合、业务及管理融合和市场融合

[①] 袁珩. 麦肯锡报告揭示价值链的全球化变革 [J]. 科技中国, 2020, (第3期): 98-101.

之后，达到产业融合阶段。基于产业进化发展的视角，产业融合是不同产业或同一产业间不同行业的相互交叉和渗透，形成新产业的过程。因此，可以认为，数字经济推动的产业融合是以数字信息为要素驱动、以数字技术为创新驱动，先后引起同一产业不同行业间或不同产业间产品融合、业务融合、管理融合和市场融合，变革原有企业的竞争与合作关系，并最终重塑分工格局和企业边界的动态发展过程。

基于产业层面，产业融合可分为产业渗透、产业交叉和产业重组三种类型。产业渗透多发生于传统产业与高技术产业的边界地带，随着高技术产业的成长和高技术的渗透性、倍增性特征，使其能够无摩擦渗透到传统产业，提高传统产业的生产效率。产业交叉多发生于高技术产业的产业链延伸处，通过产业间延伸和功能互补实现的产业融合，其过程为技术、业务和市场融合后的产业边界交叉，最终导致产业边界模糊。产业重组发生在产业内不同行业间或具有紧密联系的产业间，通过重新整合后的产品及服务满足市场的新需求，产业重组形成了产业新业态，提高产业效率，代表产业新的发展方向。

2. 数字经济中产业融合的影响因素

数字经济基础产业的自身融合及其他产业与数字经济基础产业的产业融合取决于产业融合的动力机制，是产业融合内在规律与外在动力共同作用的结果。

（1）数字技术创新是推动产业融合发生和发展的最直接动力

不论是革命性的数字技术创新还是扩散型的数字技术创新均能实现原有技术、产品和工艺之间的替代或者关联，通过在不同产业间的扩散渗透，改变原产业产品的成本函数。一方面，促进不同产业产品数字化，加强了不同数字产品之间的互换性和互联性，实现产品融合；另一方面，创造产品与服务的新技术路线，改变原有市场的需求特征，创造新的经营模式与内容，为产业融合的发展创造空间。

随着数字技术向不同产业部门的扩散和应用促进了技术融合，技术融合进一步催生了业务融合和市场融合，导致原有产业边界的模糊化，最终实现产业融合。数字技术创新为不同产业创造了通用的技术基础，形成技术融合。技术融合消除了不同产业部门间的技术壁垒，促使不同产业间的成本、生产、技术边界趋同，并创造具有相似功能的新产品和新服务。不同产业部门以技术融合为导向，重新整合与配置要素、资源和技术，并调整传统业务模式，发展出适应技术融合的业务融合模式。在技术融合与业务融合的基础上，新产品和新服务对原有市场需求产生替代效应，催生新的市场特征和市场需求，产生市场融合，使融合后的产业能够真正进入其他产业领域的市场空间，完成最终的产业融合。

（2）数字经济市场主体追求利益最大化的行为加速了产业融合

市场主体之间尝试新竞争与合作模式。第一，在数字经济背景下，产业活动主体在变化的环境中意识到进行产业间的合作较独立产业部门间的竞争更具优势，因此产业活动主体将积极突破原有产业分立与产业分工状态,并拓展在同一产业的不同部门及不同产业部门间的融合平台和融合产品,不同产业间的活动主体构建的新竞争与合作模式推动了产业融合组织基础的形成。第二,新的竞争与合作模式,突破了产业之间的条块分割,降低了产业间的进入壁垒,有效减少了交易成本,提高劳动生产率,培育新的竞争优势。

产业活动主体从追求规模经济向范围经济的转变。在数字经济的背景下,产业活动主体逐渐从对规模经济的追求发展到对范围经济的追求。第一,工业经济背景下的标准化大批量生产无法满足数字经济创造的个性化定制品的需求,数字经济设施为消费者个性化和多样化的产品与服务需求提供了基础条件。产业活动主体在需求的推动下进行多产品和多元化经营,就是对范围经济的追求,即通过增加产品和服务种类,引起总经济效益的增加。实现范围经济的关键在于通过通用生产要素的使用降低多种产品及服务的供给成本,结合新的消费内容和消费习惯,创造新的融合产品与融合服务,在业务融合和市场融合的基础上,最终实现产业融合。第二,当产业活动主体内部存在可使用的剩余资源时,由于市场和产业的限制,既不能扩大生产规模,也无法出售剩余资源时,只要存在范围经济和改变成本结构的外部资源时,产业活动主体具备主动进行多元化和多产品的跨产业经营动力,有力推动产业融合的发展。

产业活动主体的全球化发展。一方面,产业活动主体面对竞争环境的复杂性和不稳定性,利用互联网等数字基础设施拓展全球市场,突破地域垄断的局限性,重构市场竞争格局,促进数字经济的发展。另一方面,数字经济基础产业为跨国公司的全球一体化经营活动提供重要支撑,如数字技术对跨国公司研发、投资、生产、加工、贸易等领域的渗透,促使跨国公司的经营战略由产业划分向产业融合转变,成为推动产业融合的主要载体。

(3) 市场需求和政府政策影响产业融合的速度和深度

①市场需求的推动

一方面,技术创新改变了市场需求的特征,带来新的市场需求。数字技术将生产者和消费者以新的方式连接起来,催生数字化产品与服务,实现市场需求从工业经济背景下对物质的占有型需求转变为数字经济背景下的服务型需求,改变了传统产业的市场需求、产品特点、竞争与合作状态和价值创造过程,导致了市场供给侧与需求侧的融合,创造新的市场需求;另一方面,新的市场需求反过来也能够促进产品创新,为产业融合创造了市场空间,促使更大范围的产业融合。

②外部环境规制的推动

如果政府基于某种因素考虑,对产业制定了政策性的准入壁垒,约束了企业跨产业经营和并购等行为,那么即使存在创新推动、产业活动主体的积极参与,存在市场需求的情况下,由于不具备外部环境条件,市场自发启动的产业融合也无法最终完成。学者施蒂格勒提出各国政府的经济性产业管制是造成不同产业部门壁垒和产业边界的主要原因。而政府放松管制，如取消对产业的准入、价格、投资及服务等方面的规制，则能够鼓励产业内的不同行业及原本独立的产业间通过技术创新实现的共同的技术基础和范围经济能够在产业间相互介入。不同产业部门的企业在新技术带来的溢出效应下，引起原产业的成本函数、市场规模和经济规律的改变，导致原有产业管制规制失去效应。而在融合过程中经历的技术融合、业务融合和市场融合促进了管制的再次放松，最终形成数字经济基础产业内部融合及其与制造业的产业融合。

二、行为：数字化企业的策略性行为

（一）创新性垄断

作为非价格竞争的重要手段，研究开发与技术创新是企业取得持续竞争优势的关键。同时，作为企业的策略性行为，由研究开发与技术创新而导致的新产品竞争，比在产品价格上边际变化的竞争更为重要。即便是把现有技术开发得更精、更细、更好，也不能阻挡新企业采用新技术抢占市场，并把反应迟钝的现有企业赶进产业历史的垃圾堆。

数字经济中，资本要素的地位下降，劳动力和企业家才能、技术等要素的地位相对上升，尤其是技术要素，上升速度最快，处于决定性地位。此外，产品对自然资源的依赖性变得相对较小，产品的知识含量与技术含量也远高于传统产品。因此，在新的条件下，只有不断地进行知识创新和技术创新，才能保持企业的市场势力或垄断地位。由于网络的正反馈效应、用户的锁定效应等新的经济特征的出现，这种基于网络和企业两个层面上的市场势力或垄断的形成有其必然性。但是，这种垄断并不必然地抑制和排斥竞争，也并不必然地阻碍技术进步，处在网络和企业两个层面上的垄断者仍然面临着潜在竞争者的严峻挑战和激烈竞争。这是因为，技术创新速度的不断加快、知识产品生命周期的持续缩短以及产品更新换代速度的加快，使得任何一个企业都不能长久地拥有一项垄断技术，企业只有竞相开发和创造新产品，才能在竞争中站稳脚跟。所以，网络经济下的市场势力和垄断只能是一种基于知识创新和技术创新优势所形成的暂时垄断，被称为创新型垄断。一个企业要想在市场上总是占据主导地位，那么就要做到第一个开发出新产品，又第一个淘汰自己的老产品（这个观点被称为"达维多定律"）。唯有竞争才是永恒不变的，它与垄断交替出现，共生共存。

数字经济下产品生命周期会大幅度缩短。传统经济下的产品生命周期曲线更为平缓，销售量上升与下降的速度更为缓慢。在数字经济时代，产品的生命周期快速缩短，具体原因如下。

第一，数字产品具有很强的时效性。数字产品的时效性是指数字产品的使用价值会随着时间的变化而变化，即时间越短的数字产品使用价值越高，反之越低。数字产品作为信息产品，时效性是其重要的经济特征。首先部分内容性产品具有很强的时效性，如新闻、证券、外汇、股票信息等。许多在线游戏在一段时间内很受消费者欢迎，但不久就会有更受欢迎的游戏将它们替代。通常网络上的某些实时信息，需要消费者通过付费来获取，而相对滞后的相应信息，则只需支付较低的费用，甚至免费就可获取。数字产品的时效性就成了影响数字产品定价的一个重要因素。

第二，信息技术进一步降低了一般社会生产成本，利润最大化的企业有动力去采用新技术。首先，沟通与协作方式的变革。即时通信App（微信、QQ、钉钉、Skype等），以及传统商业软件（Word、WPS）所推出的写作功能支持多人在线共同编辑，降低了沟通成本。阿里云、百度云、腾讯云、亚马逊云、微软云等服务通过租赁存储空间和算力的方式免除了独立架构服务器的技术与固定投资门槛，降低了中小企业数字化的成本。其次，智能化生产优化了企业的生产活动，将人从重复的劳动中解放，并扩张了价值链。传统的机械化生产只能在流水线上完成一般性工作，而智能化则可以穿透生产、销售和售后服务的全过程，再结合大数据技术实现按需定制、提前定制和快速反应。再次，数字技术的发展给予企业进入新市场和降低成本的机会。数字技术提供了将经验凝聚为流程的方法，便于企业将自身的数字技术带来的核心竞争力复制并推广到新进入的行业。新企业的进入能够给原本的市场注入新的元素，爆发出更多的组合创新，跨界的数字化企业在新市场有可能实现弯道超车，对现有的市场主导企业模式实现颠覆，如滴滴打车对出租车行业的冲击，微信对短信的冲击。

第三，消费者需求变动导致企业所面对的市场可能萎缩甚至消失，企业不得不专注于随时预测、获得客户需求数据并改良产品。一方面，伴随中国经济的高速发展，人均收入稳步上升，消费者购物习惯也在发生变化。20世纪90年代之前出生的消费者更喜欢追随潮流，而新一代消费者更喜欢个性化的商品。消费者的需求函数长尾变得更长、峰谷更低，这意味着虽然市场总规模在变大，细分市场却在变小。同时，消费者的品牌忠诚度也在逐渐降低，明星企业和爆款产品更迭速度加快。伴随着信息穿透，消费者获知其他相关商品信息更加容易，也更容易迁移到其他品牌。对于部分深耕于特定细分市场的企业而言，如果不能快速反应，跟上消费者偏好的变化速度，必然被淘汰。另一方面，信息穿透和信息透明导致同类商品的价格竞争加剧，迫使企业更重视与消费者之间的联系，技术更新不及时的企业可能会被淘汰。由于信息在互联网上可以迅速扩散，消费者能轻易获取甚至是被动获取商品信息，因而商品的口碑愈加重要。由于价格信息和产品特征信息在市场上更加透明，在互联网技术的帮助下，任意消费者都可以对同类商品进行价格与特性比较，对于销售无差异商品的企业来讲，难以利用不对称的价格信息进行歧视性定价。

（二）网络与标准竞争

1. 网络外部性与标准选择

在我们的生活中标准几乎无处不在，某些标准的制定与推广是通过政府或者权威机构的强制力来实现的，但也有一些标准是在市场中通过自由竞争的方式来确立的。那么我们不禁要问，为什么有的市场中仅仅存在唯一的标准，而某些市场中会存在多个标准？如中文电脑键盘的布局都是一样的，但是中国市场中 4G 手机却存在三个标准。进一步来说，是什么样的因素决定了某个标准被市场接受，而另外的标准被市场否定呢？为什么是 Windows，而不是 Mac 或者 Linux 成为操作系统市场上的统治者呢？事实上，针对不同市场中的标准，我们很难简单认定：被市场接受的标准都是更优秀的标准。很多标准的采用具有很高的随机性，如某些国家选择车辆靠右行驶，但是也有国家选择靠左行驶，很难说哪种标准更有效率。甚至在某些情况下，我们发现市场中占统治地位的标准单纯从技术或质量的角度而言反而不如那些市场接受度很低或是被市场淘汰的标准。

为了理解网络外部性对标准选择的影响，我们考虑一个简单的模型。同样假设存在数量为 1 的消费者，并且每一个消费者对于他人的影响都是可以忽略不计的。市场中存在 A 和 B 两种标准，数量为 $a(0 < a < 1)$ 的消费者更加喜欢 A 标准，而数量为 $b(0 < b < 1)$ 的消费者更加喜欢 B 标准，并且 $a + b = 1$。我们这里分别将上述两种消费者称为 A 类型的消费者和 B 类型的消费者。我们同时假设标准存在网络外部性，即消费者从某一标准中获得的收益会随着使用相同标准人数的增加而提高。但是另一方面由于消费者本身对于两种标准存在偏好差别，当用户规模相同的情况下 A 类型的消费者选择 B 标准时，他获得的效用要小于选择 A 标准的情况，反之亦然。因此两种类型消费者的效用函数可以表示为：

$$U^A = \begin{cases} x_A & \text{选择 A 标准} \\ x_B - \delta & \text{选择 B 标准} \end{cases}$$

$$U^B = \begin{cases} x_A - \delta & \text{选择 A 标准} \\ x_B & \text{选择 B 标准} \end{cases} \quad (2-2)$$

式中：x_A 和 x_B 分别表示最终选择 A 标准和 B 标准的用户数量，而 $\delta > 0$ 则是消费者由于没有选择自己偏爱的标准所导致的效用损失，这里 δ 事实上也衡量了消费者对于不同标准的偏好程度，或者也可以表示消费者为了得到自己中意的标准所愿意付出的最高代价。根据上述的模型设定，最终市场均衡的结果会出现三种情况：第一，所有消费者都选择 A 标准，即 $x_A = 1$ 而 $x_B = 0$，此时 A 标准成为市场中的唯一标准；第二，所有消费者都选择

B 标准，即 $x_A = 0$ 而 $x_B = 1$，此时 B 标准成为市场中的唯一标准；第三，A 类型的消费者选择 A 标准，B 类型的消费者选择 B 标准，即 $x_A = a$ 且 $x_B = b$，此时市场中存在两种不同的标准。

　　下面首先来分析前两种均衡情况，即市场中只存在单一标准的必要条件。根据均衡的定义，均衡时任何一个消费者都没有偏离均衡的意思，那就意味着如果市场中所有的消费者都选择 A 标准，那么如果某一个消费者决定转向 B 标准，他的效用会发生什么样的变化呢？首先对于 A 类型的消费者来说，转换会使他的效用从 1 变成 $-\delta$，因此 A 类型的消费者肯定不会选择 B 标准。那么对于 B 类型的消费者来说，转换会使他的效用从 $1-\delta$ 变成 0，因此只要 $\delta < 1$，B 类型的消费者也不会选择 B 标准。根据相同的逻辑，如果市场中所有的消费者都选择 B 标准，当 $\delta < 1$ 时也没有任何一个消费者会转向 A 标准。综上所述，当网络效用大于消费者对不同标准的偏好差异时，竞争的结果是市场中只会存在单一标准。我们再来分析第三种均衡，即市场中存在两种不同标准的必要条件。此时数量为 a 的 A 类型消费者选择 A 标准，而数量为 b 的 B 类型消费者选择 B 标准。只要 $a > b - \delta$，A 类型消费者就没有意愿改变自己的选择，同时由于 $a + b = 1$，最终我们可以得到 $a > \frac{1-\delta}{2}$。类似地，当 $b > \frac{1-\delta}{2}$ 时，B 类型消费者也没有意愿改变自己的选择。

　　综上所述，可以得到以下的结论：当标准具有网络外部性时，只要网络效应相对于消费者对不同标准的偏好差异足够大时，市场中就只能存在单一的标准。但是如果偏好不同类型标准的消费者数量都比较高时，市场中就存在不同标准共存的情况。换句话说，如果市场中标准之间的差异并不明显，或者网络效应非常显著时，不同标准之间竞争的结果往往只能是赢者通吃。但是如果标准之间的差异化程度较高，或者偏好不同标准的消费者数量都足够大的时候，任何一种标准都很难完全将另一种标准逐出市场，市场中就会存在多种标准，并且每种标准都会被部分消费者使用。

　　在上面的分析中，可以发现存在一个有趣的问题，即当市场均衡为单一标准时，具体标准的选择存在很高的随机性。事实上，市场中无论是 A 类型的消费者占多数（$a > b$），还是 B 类型的消费者占多数（$a < b$），A 标准和 B 标准都有可能被市场接受。为了更好地理解出现这一结果的原因，我们对之前的模型设定做一些修改，假设 $0 < \delta < a < b < 1$，并且 A 类型的消费者先进入市场，等到 A 类型的消费者做出选择之后，B 类型的消费者再进入市场选择。很显然，先进入市场的 A 类型消费者都会选择 A 标准（$a > a - \delta$），而随后进入的 B 类型消费者也会选择 A 标准（$1 - \delta > b$）。类似地，如果是 B 类型的消费者先进入市场，那么所有的消费者也都会选择 B 标准。由此可见，当标准之间的差异程度很小，并且网络效应很强时，市场最终选择的标准取决于最初的使用者。换句话说，第一个使用者的选择很有可能会最终决定市场竞争的结果,这种现象经济学上称为"路径依赖"。路径依赖的存在意味着市场很有可能会选择那些不能带来社会最优结果的标准。在上述模型中,A 类型的消费者数量要小于 B 类型的消费者,因此从社会福利最大化的角度来考虑,相对于 A 标准,B 标准可以带来更大的社会福利。基于网络外部性的路径依赖,意味着当某项标准被市场接受后,现有的用户规模会成为新标准推广和普及的重要障碍,除非新标准的质量远远高于现有标准或者与其差异较大,否则市场会被锁定在旧标准之上。

2. 兼容性与标准竞争

网络外部性影响标准选择时,不同标准之间是不兼容的。但是在实际生活中很多技术和产品之间是完全兼容的,例如尽管笔记本电脑存在众多的品牌,但是联想的用户完全可以和索尼的用户进行正常的数据交换,因为他们大都运行 Windows 操作系统,这就意味着绝大多数软件都可以同时在不同品牌的电脑上使用。随着全球经济一体化进程的不断深入,这一问题已经得到了完美的解决:包括笔记本电脑和小家电在内的很多电器都采用了宽幅电源来解决电压标准不同带来的问题。

如果存在网络外部性,那么不同技术之间的兼容性问题就会同时对消费者和厂商产生影响。从消费者的角度来说,在产品价格不变或者质量不下降的前提下兼容性意味着更大的用户规模,因此消费者自然更加欢迎兼容性。但是从厂商的角度来看,撇开为实现兼容性付出的成本不谈,兼容性会从两方面对厂商的利润产生影响。一方面,兼容性意味着潜在用户规模的提升,并且每个消费者的支付意愿也会增加,这就意味着兼容性可以提高厂商的收益;另一方面,兼容性的提高意味着厂商与竞争对手之间的差异化程度在缩小,这往往会导致激烈的价格竞争。个人电脑产业就是一个非常典型的例子,在个人电脑发展初期各种标准层出不穷,不同品牌的电脑之间没有任何通用性可言,由于消费者无法预测何种标准可以最终胜出,因此最佳的选择就是推迟购买。鉴于个人电脑早期发展中标准分散的问题,IBM、英特尔和微软等大企业决定联合起来制定开放性的标准,以此来结束标准混乱对于产业发展的负面影响。事实证明标准的统一极大地推动了个人电脑的普及以及这个行业的迅速发展,但是为了提高兼容性所采取的高度标准化又带来了另一个问题,厂商之间的产品大多采用相同的标准,较低的差异性意味着厂商之间的价格战非常常见,行业利润率持续下滑。

为了更好地理解兼容性作为战略决策对厂商竞争的影响,我们考虑一个简单的两阶段博弈模型。在市场中有两个厂商,在第一阶段他们需要决定是否让彼此采用的技术标准相互兼容。如果厂商达成兼容性的协议,那么在第二阶段他们将会生产完全兼容的产品,并在市场上彼此竞争,各自的利润为 π^D。但是如果厂商没有在第一阶段达成兼容协议,那么厂商就必须进行"标准竞争",并且最终的结果取决于不同厂商在技术研发以及市场推广上的投入（x_1 和 x_2）。如果 $x_1 > x_2$，那么厂商 1 的标准被市场接受，成为市场中的垄断者，可以在第二阶段获得垄断利润 π^M，而厂商 2 被逐出市场后利润为 0，反之亦然。但是如果 $x_1 = x_2$，那么两个厂商的标准会同时存在于市场中，并且平分市场份额。由于标准之间完全不兼容，因此在第二阶段厂商之间不存在任何竞争，每个厂商在自己占据的市场份额中都是垄断者，它们各自的利润分别为 π^L（很显然 $\pi^L < \pi^M$）。

现在来分析上述博弈的均衡结果。首先考虑第一种情况，如果两个厂商决定采取相互兼容的标准，那么第二阶段每个厂商的利润都是 π^D。但是如果厂商决定进行"标准竞争"，那么为了获胜每个厂商会尽最大可能进行研发和推广投入，在每个厂商都存在资源限制（$x_1, x_2 \leq \bar{x} < \pi^M$）的情况下各自的投入都将等于 $\bar{x}$，因此最终的结果是厂商在第一阶段平分市场并且在第二阶段获得 π^L 的利润，每个厂商最终的利润为 $\pi^L - \bar{x}$。因此厂商的兼容性选择最终取决于在不同情况下的利润对比，如果 $\pi^L - \bar{x} \leq \pi^D$，厂商会主动选择在互相兼容的标准下进行生产，反之则会选择进行标准竞争并且最终市场中同时保留两种不兼容的标准。我们进一步对上述的条件进行分析，假设存在很强的网络外部性，并且厂商在兼容标准下进行的产品竞争存在较大的差异化空间，那么 π^L 就很有可能小于 π^D，因此厂商会更加偏好兼容。当然我们也可以明显地发现，如果足够大的话，条件 $\pi^L - \bar{x} \leq \pi^D$ 总成立，这里的解释是如果资源限制较低，那么厂商为了在标准竞争中获胜，极有可能会发生过度竞争的现象，即双方大量进行投入但结果依然是平分市场，从这个意义上来说，衡量了标准竞争的激烈程度。那么最终我们可以得到以下的结论：当网络外部性很高、产品竞争的激烈程度很小或者标准竞争强度很大时，厂商更有可能选择兼容的标准，否则厂商会更加偏好不兼容。

最后，我们还有必要来分析一下厂商的兼容性选择对于消费者福利的影响。在存在网络外部性的前提下消费者显然可以从相互兼容的标准中收益，但是这不一定会提升消费者的福利。事实上厂商关于是否兼容的决策会直接影响到不同阶段的竞争强度，近似地说，在兼容的情况下厂商的竞争集中在第二阶段的产品竞争中，而在不兼容的情况下厂商的竞争则是更集中于第一阶段的标准竞争中。消费者是否可以严格从兼容中获益取决于整体的竞争强度是否会下降，换句话说，如果在厂商选择相互兼容的标准的同时又提高了最终产品的售价，那么消费者很有可能并不能从扩大的用户规模中收益，反而会导致收益下降。

三、绩效：数字化影响产业绩效

产业绩效是指在某种特定市场结构与市场行为的作用下，某产业内的企业在价格、成本、利润、产品产量、质量及技术进步等方面达到的最终经济效果。产业经济学对产业绩效的研究基于产业和企业的市场活动目标，评价一定市场结构和市场行为下的企业绩效，研究集中于资源配置、管理效率、组织效率、产品产量与产品品质等内容。

在产业绩效研究中，最具代表性的是S-C-P（Structure-Conduct-Performance）产业分析框架，其中S指产业结构，C指企业行为，P指产业绩效。产业结构影响企业行为，企业行为影响产业绩效。产业结构反映了一定市场中的企业数量、市场份额和企业规模关系，受到市场集中度、交易方的数量与规模、产业进入与退出壁垒、产品差异化程度、市场份额和成本结构等因素的影响。企业行为表现为企业应对产业结构变化与外部冲击的各种反应与采取的措施，具体包含企业组织模式、运营模式、管理模式、协同模式、创新模式等方面的变革。产业绩效反映企业在利润、成本、份额、创新、资源配置等方面的变化。

基于短期视角，S-C-P模型是一个有效分析产业绩效的框架，但从长期来看，一方面产业结构、企业行为和产业绩效三者之间是相互影响和相互作用的，另一方面产业经济的运行基于特定的经济形态与环境背景下，这种特定的经济形态与经济环境能够对产业绩效产生决定性影响。因此，现代的产业经济研究对S-C-P框架进行了修正与发展。其中芝加哥学派对该理论的演化发展最具代表性，主要贡献在于在传统产业经济学利用资源配置效率、价格与边际成本、产品质量与种类、技术进步和创新、利润水平等指标评价产业绩效的基础上，通过研究产业结构、企业行为和产业绩效的相互约束与相互促进的关系，推动S-C-P框架由单向分析模型向双向分析模型的演化发展。产业结构对企业行为产生影响的同时也受到企业行为影响的反作用力。产业绩效受到产业结构和企业行为影响的同时，同样也能够影响产业结构和企业行为的发展。20世纪80年代，产业绩效研究在新产业组织理论的推动下，进一步演化发展，增加了政府政策和产业规制等新的影响因素，完善了产业组织经济学的分析框架。

数字经济中产业融合对产业绩效的作用主要体现在三个方面。

第一，降低成本，提高经济效益。产业融合过程产生的通用资源可以节约动态成本和静态成本。产业融合促进通用资源的充分使用，建立共同平台，实现资源与技术互补的企业合作，降低静态成本；通用技术的融合促进资源的投入产出效率，扩张生产可能性边界，降低动态成本。例如拥有共同的基础设施资源，降低企业的单位平均成本。产业融合过程造成了企业对市场的替代，从而降低内生性交易成本和外生性交易成本。产业融合缩短了生产迂回链条，缩短生产和消费之间的距离，同时可以增强价格、质量的透明度和流程控制力，改善产业间的交易效率，使企业内分工的交易成本显著低于市场分工的交易成本；由于产业融合缩短了中间环节的迂回链条，使企业具备快速组织生产和销售的能力，并提高企业的市场反应能力，降低中间交易成本。

第二，产业融合通过改变供给和需求状况来对产业绩效产生影响。在供给侧，一方面，产业融合下出现的新产品，增加了产品供给，并通过供给引致效应创造新需求，提高产业绩效。另一方面，产业融合推动产品的模块化和定制化，提高了产品柔性生产能力，促进供给侧的范围经济的形成。在需求侧，由于个性化、定制化的创新产品的出现，提高了产品的收入弹性。

第三，产业融合过程中，共同技术的扩散提高融合产业的技术水平、内部的管理能力和外部的关联水平，降低了产业间要素生产效率的非均衡度，促进产业间的配合度与协调度，提升了整体产业绩效。

四、数字化推动产业转型升级与劳动力结构转变

（一）数字化推动产业转型升级

产业转型升级表现为产业由低附加值向高附加值的转变，由简单劳动密集型生产向资本密集型、知识（技术）密集型生产的转变，由高耗能、低效率生产向低耗能、高效率生产的转变。数字技术深入经济生活的各个方面，成为我国创新和技术进步的核心，数字经济产业为产业结构升级提供了强大的动力，助推我国实现经济转型升级。

1. 数字产业助推农业转型升级

农业是经济发展的基础，是其他部门存在的必要条件。农业生产比较关注地区的土壤水源特征、物种的生物特性以及气候条件等信息。数字经济产业在农业中的应用一方面正是通过及时获取和传递这些信息，将生产要素紧密结合起来，促进要素在地区上和时间上合理流动和配置，提高资源的利用率。另一方面，将数字技术应用于农业生产经营的全过程，使农业的生产、流通与销售过程不断得到完善，提高农业现代化和数字化水平，实现农业转型升级。

数字经济产业对农业的影响主要体现在生产方式、经营方式和流通方式三个方面。具体表现为：①将数字技术应用于农业生产中，使传统的生产方式得以改进，有利于降低农业生产成本，提高农业的劳动生产效率和土地生产力。通过遥感技术、地理信息系统和物联网等新一代信息技术可以准确获取土壤特质、水质特征和动植物的生长特征等信息，使资金、资源、劳动实现最有效结合，提高资源的使用效率。同时运用智能设备可以对动植物的育种、遗传进行研究，改善农作物品种和质量，也可以实现农作物播种、灌溉和施肥等生产管理过程的自动化，促进农业优化升级。②数字技术提高了农业经营管理的水平。

通过数字技术可以及时准确地获取天气情况、农业市场信息和农业政策法规,并可以通过网络学习最新的农业生产管理技术,提高数字化管理水平。③数字技术改变了农产品的流通方式。随着农村电商的发展,农产品在各大网络平台进行销售,加快了农产品在市场上的流通速度,提升农产品流通效率。将区块链技术应用于农产品溯源,使交易数据公开透明,有助于防范造假制假,保证食品安全。

2. 数字产业助推工业转型升级

工业在经济发展中处于重要地位,工业水平直接决定着国家经济发展水平。我国工业发展过去一直呈现高投入、高消耗的生产模式,对资源环境造成巨大压力,工业结构问题亟待解决。数字经济产业与工业的跨界融合,不仅能够提高工业企业生产设计的技术含量,提高资源能源的利用效率,而且还能为工业的生产销售等环节提供信息支撑,通过大数据分析,提高工业发展水平,促进工业结构优化。

数字经济产业对工业的影响主要展现在研发设计、智能生产和销售管理三个方面。①通过数据库计算中心,对工业产品提供信息支撑,通过数据共享,实现工业产品数字化设计,数字化过程大量减少了人力的投入,显著提高设计效率和设计水平,促进工业产业结构优化。②数字经济产业为工业发展提供了设备保障,数字化制造装备提高工业产业生产效率。在生产过程中,通过生产数据、生产参数的自动监测和智能控制,减少劳动力资源投入,提高了生产水平和生产效率,还可以降低能耗,实现集约化生产、绿色生产,促进生产要素结构及劳动力结构的优化升级。③电子商务的发展实现了工业产品销售创新。首先通过网络可以进行市场分析,了解市场需求,使生产供给与市场需求更匹配,其次通过各大电商平台发布销售信息,使销售不受地理位置的约束,扩大销售途径,降低销售成本,扩大销量。

3. 数字产业助推服务业转型升级

服务业是衡量社会现代化水平的重要标志。当前我国服务业是数字化创新最为活跃的领域。首先,随着数字技术发展,数字经济产业与服务业融合,不断产生新模式新业态,增加服务技术含量,丰富服务业内容。其次,通过线上线下一体化流程,能够实现服务业供给端对市场需求快速响应,使服务真正符合客户需求,实现服务业升级。

数字经济产业对服务业的影响主要从创新服务模式和丰富服务内容两方面提升服务质量,促进服务业转型升级。①创新服务模式。传统的线下服务模式给服务提供方和顾客造成了诸多不便,而随着数字技术的发展,不仅可以通过网络提供服务和进行消费,而且可以比较精准地把握顾客产品消费的需求,为顾客提供个性化服务。传统服务模式不断融入创新元素,形成诸如共享经济、电子商务、网约车、互联网金融等新型服务模式,提高服务效率和服务质量。②丰富服务内容。数字经济产业与服务业的融合,加快了传统服务业数字化发展，使服务业供给能力得到释放，并产生了新模式新业态，扩大了服务范围，丰富了服务内容。

(二) 数字化推动劳动力结构转变

1. 物化劳动替代活劳动

发生在资本主义社会的三次工业革命，主要特征是用机器代替手工生产，从而实现生产方式的变革。资本的趋势是赋予生产以科学的性质，而直接劳动则被贬低为只是生产过程的一个要素。科学、技术和生产相结合，加速了科学的物化，而物化劳动替代活劳动是三次工业革命发生的关键。如果说第一次和第二次工业革命机器的发明使人类劳动得以从生理器官的限制中解放出来，那么以计算机技术进步为标志的第三次工业革命则使劳动从大脑思维的限制中得以解放。数字经济时代，一方面，以大数据、云计算、人工智能等技术在各行业间的快速应用和拓展加速了物化劳动替代活劳动的过程；另一方面，数据开始成为数字经济时代关键投入要素和生产资料，数据要素的生产开始成为社会再生产过程中的重要环节，从而引致社会再生产过程的演变。

(1) 劳动过程与传统生产过程的进一步分离

在工业革命以前的时代，劳动过程与生产过程是一致的。但是工业革命发生后，由于动力机与工具机的使用，人的动力职能和操作职能被机器替代，从而使得部分劳动者的劳动过程与生产过程相分离。而在数字经济时代，劳动过程与传统生产过程正在进一步分离。大数据、云计算、人工智能等新兴技术产业正在成为新的劳动密集型产业，随着自动化技术的普及，传统制造业的资本有机构成正在进一步降低，在这些行业内，劳动者更多地扮演着机器的监督者和调节者的角色。近年来，随着大数据、云计算、人工智能技术的进一步发展，机器主要可以实现自我监督和自我调节，智能化的生产过程进一步加剧了物化劳动替代活劳动的过程。而与之相反，技术研发、算法研究等知识密集型产业，逐渐成为新型的劳动密集型产业。从社会范围看，脑力劳动逐渐挤出体力劳动的现象正在发生。

(2) 数据要素的生产与物化劳动比例的增加

在工业经济时代，科学技术的作用体现在提高生产原料利用率上，其可以发掘和开发出新的可利用物质，进而转化为现实生产力，使那些在原有形式上本来不能利用的物质，获得一种新的可以利用的形式：科学的进步，特别是化学的进步，发现了那些废物的有用性质。数字经济条件下，数据作为一种信息和映射关系，从原本无法采集和未被利用的信息中被分离出来，成为关键的投入要素。作为一种物化劳动和生产资料，数据正逐渐作用于社会生产的各个部分。近年来，随着智能安防、智慧商业、智能汽车、智能制造等新兴行业的兴起，数据作为一种物化劳动其在整个社会生产的比重正逐渐增加，并在逐渐引致社会再生产过程的演变。

2. 社会再生产过程对劳动的非均衡需求

以上对生产过程的分析表明，数字经济条件下，劳动过程与传统生产过程正进一步分离，而数据和通用性技术作为一种物化劳动和生产资料，在社会生产过程中的比重和重要性正在进一步提升。而从社会再生产过程看，数据和通用性技术的生产属于生产生产资料的部门，而农业、传统制造业等则属于生产生活资料的部门。而作为物化劳动的数据和通用性技术对活劳动的替代作用则主要发生在生产生活资料的部门。这种替代作用进一步作用于社会再生产过程中，便会导致社会再生产过程的非均衡性。

首先，数字经济时代，社会再生产过程的非均衡性表现为不同产业发展的非均衡性。以百度、阿里巴巴、腾讯为代表的互联网平台企业为主导者，当前人工智能和数字化技术等革新率先应用于互联网、通信、物流、金融等生产性服务业。此后，随着智慧交通、智慧城市、智能安防等民生相关的应用场景的进一步开放，人工智能和数字化技术开始逐渐与智能硬件制造、电子信息、物联网等高新技术产业相融合。从新兴技术作用的产业部门的特点看，与数据和通用性技术融合较好的产业多属于生产生产资料的部门，人工智能和数字化技术的作用促使这些产业部门生产效率提升，产品竞争力增强，利润率上升。而以农业、轻工业为代表的生产生活资料的部门与人工智能和数字化技术的结合程度相对较低，从而导致这部分产业发展的相对滞后。数字经济时代，产业发展的非均衡性进一步导致资本、劳动、技术、数据等生产要素快速流向利润率较高的产业部门，从而进一步增加了产业结构失衡的风险。

其次，数字经济时代，社会再生产过程的非均衡性表现为结构性的失业和区域发展的不平衡。人工智能和数字化等技术密集型的行业对高层次人才的需求较高，新技术的应用一方面增加了对脑力和复杂劳动的需求，从而挤出了对体力和简单劳动的需求，而从社会范围看，脑力劳动和复杂劳动的培训需要时间的积累，当短期内劳动力的供给结构无法与需求结构相匹配时，便会导致结构性失业。另一方面，人工智能和数字化等技术密集型的行业主要集中于少数一线城市和经济发达区域，随着新兴技术的普及，传统的农业和制造业区域则出现了富余的劳动力，造成劳动力进一步向经济发达区域的集中，从而导致区域经济发展的失衡。

第三章　数字经济发展的战略决策

第一节　基础建设战略决策

我国要推动数字经济发展，首先要解决的问题是如何从国家和政府层面采取积极的战略行动保障数字经济加快发展。

一、加快企业和市场的数字化基础建设

因为信息化是数字经济发展的基础，大数据是数字经济发展的新平台、新手段和新途径，所以深入推进国家信息化战略和国家大数据战略，是加快数字经济时代企业和市场数字化基础建设的前提，是从国家和政府层面解决数字经济发展"最先一公里"的问题。

（一）深入推进国家信息化战略

当今世界，信息技术创新日新月异，以数字化、网络化、智能化为特征的信息化浪潮蓬勃兴起，全球信息化进入全面渗透、跨界融合、加速创新、引领发展的新阶段。在信息化上占据制高点，便能掌握先机、赢得优势、赢得安全、赢得未来。

1. 信息化与数字经济的关系

早在 20 世纪 90 年代，数字经济的提法就已经出现，被称为"数字经济之父"的美国经济学家唐·塔普斯科特（Don Tapscott）在 20 世纪 90 年代中期出版了一本名为《数字经济》的著作，自此数字经济的概念进入理论界和学术界的研究视野，随后曼纽尔·卡斯特（Manuel Castells）的《信息时代：经济、社会与文化》、尼古拉·尼葛洛庞帝（Nicholas Negroponte）的《数字化生存》等著作相继出版，数字经济提法在全世界流行开来。此后，西方许多国家开始关注和推进数字经济发展，并在上个世纪末缔造了新经济神话。

云计算、物联网等信息技术的出现，又将数字经济推向了新高峰。国际金融危机波及

全球经济，并重创传统金融行业。但国外苹果、脸谱、谷歌、微软、亚马逊等数字公司基本上毫发无损，国内阿里巴巴、百度、腾讯等数字企业所受影响也不大。大数据、人工智能、虚拟现实、区块链等技术的兴起为人们带来了希望，世界各国不约而同地将这些新的信息技术作为未来发展的战略重点，数字经济引领创新发展，为经济增长注入新动力已经成为普遍共识。

从数字经济的发展历程来看，数字经济可以泛指以网络信息技术为重要内容的经济活动。因此，从某种意义上讲，数字经济也可以通俗地理解为网络经济或信息经济。

现代信息技术日益广泛的应用，推动了数字经济浪潮汹涌而至，成为带动传统经济转型升级的重要途径和驱动力量。根据数字经济的内涵和定义分析，信息化为数字经济发展提供必需的生产要素、平台载体和技术手段等重要条件。换言之，信息化是数字经济发展的基础。具体表现为信息化对企业具有极大的战略意义和价值，能使企业在竞争中胜出，同时企业信息化的积极性最高，因此在信息化中企业占据主导地位。如近几年出现的云计算、人工智能、虚拟现实等信息化建设，均以企业为主体。数字经济的特点之一就是使信息成为普遍的商品，主要任务是跨过从信息资源到信息应用的鸿沟。信息化是个人成长、需求发布和沟通的重要通道，是社会公平和教育普惠的基础，使个人拥有了极大空间。这是因为按需生产是数字经济的一个重要特征，而要做到按照需求合理地供给，必须靠信息。信息化是提升政府工作效率的有效手段，是连接社会的纽带。政府是信息化的使用者，同时由于信息化的复杂性，政府需要对信息化加强引导和监管。

2. 加快推进国家信息化战略

我国要想加快数字经济发展，培育经济新增长点，就必须加快推进国家信息化战略，要按照《国家信息化发展战略纲要》要求，围绕"五位一体"总体布局和"四个全面"战略布局，牢固树立创新、协调、绿色、开放、共享的新发展理念，贯彻以人民为中心的发展思想，以信息化驱动现代化为主线，以建设网络强国为目标，着力增强国家信息化发展能力，着力提高信息化应用水平，着力优化信息化发展环境，让信息化造福社会、造福人民，为实现中华民族伟大复兴的中国梦奠定坚实基础，按照《国家信息化发展战略纲要》要求，制定好国家信息化战略的时间表和路线图。

（二）加快推进国家大数据战略

云计算、大数据、移动互联网、物联网和人工智能的出现，推动了第二次信息革命——数据革命，此时期，大数据的迅速发展起到了更为关键的作用。

信息技术与经济社会的交会融合引发了数据迅猛增长，数据已成为国家基础性战略资源，大数据正日益对全球生产、流通、分配、消费活动以及经济运行机制、社会生活方式和国家治理能力产生重要影响。尽管我国在大数据发展和应用方面已具备一定基础，拥有市场优势和发展潜力，但也存在政府数据开放共享不足、产业基础薄弱、缺乏顶层设计和统筹规划、法律法规建设滞后、创新应用领域不广等亟待解决的问题。

1. 大数据发展形势及重要意义

我国互联网、移动互联网用户规模居全球第一，拥有丰富的数据资源和应用市场优势，大数据部分关键技术研发取得突破，涌现出一批互联网创新企业和创新应用，一些地方政府已启动大数据相关工作。坚持创新驱动发展，加快大数据部署，深化大数据应用，已成为稳增长、促改革、调结构、惠民生和推动政府治理能力现代化的内在需要和必然选择。

（1）大数据成为推动经济转型发展的新动力

以数据流引领技术流、物质流、资金流、人才流，将深刻影响社会分工协作的组织模式，促进生产组织方式的集约和创新。大数据推动社会生产要素的网络化共享、集约化整合、协作化开发和高效化利用，改变了传统的生产方式和经济运行机制。大数据持续激发商业模式创新，不断催生新业态，已成为互联网等新兴领域促进业务创新增值、提升企业核心价值的重要驱动力。大数据产业正在成为新的经济增长点，将对未来信息产业格局产生重要影响。

（2）大数据成为重塑国家竞争优势的新机遇

在全球信息化快速发展的大背景下，大数据已成为国家重要的基础性战略资源，正引领新一轮科技创新。充分利用我国的数据规模优势，实现数据规模、质量和应用水平同步提升，发掘和释放数据资源的潜在价值，有利于更好地发挥数据资源的战略作用，增强网络空间数据主权保护能力，维护国家安全，有效提升国家竞争力。

（3）大数据成为提升政府治理能力的新途径

大数据应用能够揭示传统技术方式难以展现的关联关系，推动政府数据开放共享，促进社会事业数据融合和资源整合，将极大地提升政府整体数据分析能力，为有效处理复杂社会问题提供新的手段。建立"用数据说话、用数据决策、用数据管理、用数据创新"的管理机制，实现基于数据的科学决策，将推动政府管理理念和社会治理模式进步，加快建设与社会主义市场经济体制和中国特色社会主义发展相适应的法治政府、创新政府、廉洁政府和服务型政府，逐步实现政府治理能力现代化。

2. 大数据与信息化、数字经济关系

信息技术与经济社会的交会融合引发了数据迅猛增长，大数据应运而生。同时，大数据的迅速发展又掀起了新的信息化浪潮，为信息产业和数字经济发展提供了新机遇、新挑战。

(1) 大数据与信息化

与以往数据比较，大数据更多表现为容量大、类型多、存取速度快、应用价值高等特征，是数据集合。海量数据的采集、存储、分析和运用必须以信息化为基础，充分利用现代信息通信技术才能实现。大数据与信息化的关系表现在以下几个方面：

①大数据推动了信息化新发展

大数据作为新的产业，不但具备了第一产业的资源性，还具备了第二产业的加工性和第三产业的服务性，因此它是一个新兴的战略性产业，其开发利用的潜在价值巨大。实际上，我们对大数据开发利用的过程，就是推进信息化发展的过程。因为大数据加速了信息化与传统产业、行业的融合发展，掀起了新的信息化浪潮和信息技术革命，推动了传统产业、行业转型升级发展。因此，从这个层面讲，大数据推动信息化与传统产业行业的融合发展的过程，也就是"互联网+"深入发展的过程。"互联网+"是一种新型经济形态，利用膨胀增长的信息资源推动互联网与传统行业相融合，促进各行业的全面发展。"互联网+"的核心不在于"互联网"而在于"+"，关键是融合，即传统行业与互联网之间建立起有效的连接，打破信息的不对称，结合各自的优势，迸发出新的业态和创新点，从而实现真正的融合发展。而大数据在"互联网+"的发展中扮演着重要的角色，大数据服务、大数据营销、大数据金融等，都将共同推进"互联网+"的进程，促进互联网与各行各业的融合发展。未来的"互联网+"模式是去中心化，最大限度连接各个传统行业中最具实力的合作伙伴，使之相互融合，只有这样，整个生态圈的力量才是最强大的。

②大数据是信息化的表现形式，或者是信息化的实现途径和媒介

在数字经济时代，信息技术同样是经济发展的核心要素，只是信息更多由数据体现，并且这种数据容量越来越大、类型越来越复杂、变化速度越来越快。所以，需要对数据进行采集、存储、加工、分析，形成数据集合——大数据。因此，大数据既是信息化新的表现形式，又是新的信息化实现的途径和媒介。

(2) 大数据与数字经济

大数据与数字经济都以信息化为基础，并且均与互联网相互联系，所以要准确理解大数据与数字经济的关系，必须以互联网（更准确讲是"互联网+"）为联系纽带进行分析。互联网是新兴技术和先进生产力的代表，"互联网+"强调的是连接，是互联网对其他行业提升激活、创新赋能的价值迸发；而数字经济呈现的则是全面连接之后的产出和效益。即"互联网+"是手段，数字经济是结果。数字经济概念与"互联网+"战略的主题思想一脉相承。数字经济发展的过程是"互联网+"行动落地的过程，是新旧经济发展动能转换的过程，也是传统行业企业将云计算、大数据、人工智能等新技术应用到产品和服务上，融合创新、包容发展的过程。数字经济时代，经济发展必然以数据为核心要素。大

数据加快了互联网与传统产业深度融合，加快了传统产业数字化、智能化，为做大做强数字经济提供了必要条件和手段。

3. 加快推进国家大数据战略

国务院发布了《促进大数据发展行动纲要》（以下简称《纲要》）。《纲要》提出用5~10年时间，实现打造精准治理、多方协作的社会治理新模式，建立运行平稳、安全高效的经济运行新机制，构建以人为本、惠及全民的民生服务新体系，开启大众创业、万众创新的创新驱动新格局，培育高端智能、新兴繁荣的产业发展新生态等五大发展目标。《纲要》提出要重点完成加快政府数据开放共享，推动资源整合，提升治理能力；推动产业创新发展，培育新兴业态，助力经济转型；强化安全保障，提高管理水平，促进健康发展三个方面的任务要求。《纲要》就上述目标任务提出了加快建设政府数据资源共享开放工程、国家大数据资源统筹发展工程、政府治理大数据工程、公共服务大数据工程、工业和新兴产业大数据工程、现代农业大数据工程、万众创新大数据工程、大数据关键技术及产品研发与产业化工程、大数据产业支撑能力提升工程和网络和大数据安全保障工程等十大系统工程。

此外，还需要从法规制度、市场机制、标准规范、财政金融、人才培养和国际合作等方面，为大数据推动数字经济发展提供政策保障。

二、进一步优化数字经济发展的市场环境

国家信息化战略和大数据战略的深入实施，大大提高了企业和市场的数字化基础建设的水平，为数字经济发展提供了重要基础和新平台，另外，数字经济的发展还需要具备良好的市场环境。

（一）加强企业数字化建设

我国企业数字化建设仍然处于基础设施建设阶段，深层次应用与创新有待进一步提高。相当多的企业仅仅是建立了门户网站，真正实现数字化服务、生产与管理全方位协同发展的企业少之又少。

当前，数字经济已成为经济增长的新动能，新业态、新模式层出不穷。在此次疫情中，数字经济在保障消费和就业、推动复工复产等方面发挥了重要作用，展现出了强大的增长潜力。

因此，加强企业数字化建设，是企业发展数字经济、抢占新经济"蓝海"当务之急。鼓励企业加大数字化建设投入，积极开展数字经济立法，不断优化市场环境和规范市场竞

争,是加快我国企业和市场数字化创新步伐的必然要求。

(二) 优化互联网市场环境

我国互联网行业已经由自由竞争步入寡头竞争时代。但是,由于互联网市场监管法规不完善,处于支配地位的寡头经营者很容易利用技术壁垒和用户规模形成垄断,从而损害消费者的权益和抑制互联网行业技术创新,并由此导致网络不正当竞争行为层出不穷。由于网络环境的虚拟性、开放性,网络恶性竞争行为更加隐蔽、成本更低、危害更大,不仅会损害个别企业的利益,还会影响到公平、诚信的竞争秩序,对数字化市场的发展环境构成严重威胁。

因此,优化互联网市场环境势在必行。

综上所述,我国数字经济已经扬帆起航,正在引领经济增长从低起点高速追赶走向高水平稳健超越,供给结构从中低端增量扩能走向中高端供给优化,动力引擎从密集的要素投入走向持续的创新驱动,技术产业从模仿式跟跑、并跑走向自主型并跑、领跑全面转型,为最终实现经济发展方式的根本性转变提供了强大的引擎。

第二节 融合发展战略决策

当前,数字经济正在引领传统产业转型升级,改变了全球产业结构和企业生产方式。那么,数字经济时代政府如何调整产业结构,提高信息化程度,紧紧跟随数字经济发展潮流和趋势,成为必须面对的新时代课题。

一、大数据驱动产业创新发展

新形势下发展数字经济需要推动大数据与云计算、物联网、移动互联网等新一代信息技术融合发展,探索大数据与传统产业协同发展的新业态、新模式,促进传统产业转型升级和新兴产业发展,培育新的经济增长点。

(一) 驱动工业转型升级

大力推动大数据在工业研发设计、生产制造、经营管理、市场营销、售后服务等产品全生命周期、产业链全流程各环节的应用,分析感知用户需求、提升产品附加价值、打造智能工厂,建立面向不同行业、不同环节的工业大数据资源聚合和分析应用平台。抓住互联网跨界融合机遇,促进大数据、物联网、云计算和三维(3D)打印技术、个性化定制等在制造业全产业链集成运用，推动制造模式变革和工业转型升级。

（二）催生新兴产业

大力培育互联网金融、数据服务、数据探矿、数据化学、数据材料、数据制药等新业态，提升相关产业大数据资源的采集获取和分析利用能力，充分发掘数据资源支撑创新的潜力，带动技术研发体系创新、管理方式变革、商业模式创新和产业价值链体系重构，推动跨领域、跨行业的数据融合和协同创新，促进战略性新兴产业发展、服务业创新发展和信息消费扩大，探索形成协同发展的新业态、新模式，培育新的经济增长点。

（三）驱动农业农村发展

构建面向农业农村的综合信息服务体系，为农民生产生活提供综合、高效、便捷的信息服务，缩小城乡数字鸿沟，促进城乡发展一体化，加强农业农村经济大数据建设，完善村、县相关数据采集、传输、共享基础设施，建立农业、农村数据采集、运算、应用、服务体系，强化农村生态环境治理，增强乡村社会治理能力。统筹国内、国际农业数据资源，强化农业资源要素数据的集聚利用，提升预测预警能力。整合构建国家涉农大数据中心，推进各地区、各行业、各领域涉农数据资源的共享开放，加强数据资源发掘运用。加快农业大数据关键技术研发，加大示范力度，提升生产智能化、经营网络化、管理高效化、服务便捷化能力和水平。

（四）推进基础研究和核心技术攻关

围绕数据科学理论体系、大数据计算系统与分析理论、大数据驱动的颠覆性应用模型探索等重大基础研究进行前瞻布局，开展数据科学研究，引导和鼓励在大数据理论、方法及关键应用技术等方面展开探索。采取政、产、学、研、用相结合的协同创新模式和基于开源社区的开放创新模式，加强海量数据存储、数据清洗、数据分析发掘、数据可视化、信息安全与隐私保护等领域关键技术攻关，形成安全可靠的大数据技术体系。支持自然语言理解、机器学习、深度学习等人工智能技术创新，提升数据分析处理能力、知识发现能力和辅助决策能力。

（五）形成大数据产品体系和产业链

围绕数据采集、整理、分析、发掘、展现、应用等环节，支持大型通用海量数据存储与管理软件、大数据分析发掘软件、数据可视化软件等软件产品和海量数据存储设备、大数据一体机等硬件产品发展，带动芯片、操作系统等信息技术核心基础产品发展，打造较为健全的大数据产品体系。大力发展与重点行业领域业务流程及数据应用需求深度融合的大数据解决方案。

支持企业开展基于大数据的第三方数据分析发掘服务、技术外包服务和知识流程外包服务。鼓励企业根据数据资源基础和业务特色,积极发展互联网金融和移动金融等新业态。推动大数据与移动互联网、物联网、云计算的深度融合,深化大数据在各行业的创新应用,积极探索创新协作共赢的应用模式和商业模式。加强大数据应用创新能力建设,建立政产学研用联动、大中小企业协调发展的大数据支撑体系,组建大数据开源社区和产业联盟,促进协同创新,加快计量、标准化、检验检测和认证认可等大数据产业质量技术基础建设,加速大数据应用普及。

二、"互联网+"推动产业融合发展

(一)推进企业互联网化

数字经济引领传统产业转型升级的步伐开始加快。以制造业为例,工业机器人、3D打印机等新装备、新技术在以长三角、珠三角等为主的制造业核心区域的应用明显加快。

1. "互联网+"树立企业管理新理念

企业互联网思维包含极致用户体验(User Experience)、免费商业模式(Freemium)和精细化运营(Operation)三大要素,三大要素相互作用,形成一个完整的体系(或称互联网UFO模型)。互联网思维是在互联网时代的大背景下,传统行业拥抱互联网的重要思考方式和企业管理新理念。

互联网时代对企业生产、运营、管理和营销等诸多方面提出了新要求,企业必须转变传统思维模式,树立互联网思维模式。运用大数据等现代信息技术实现企业的精细化运营;坚持以用户心理需求为出发点,转变经营理念,秉承极少主义、快速迭代和微创新原则,实现产品的极致用户体验,如腾讯公司、360公司在用户开发方面的成功案例,就是最好例证。

2. 推进企业互联网化的行动保障

政府通过加大中央预算内资金投入力度,引导更多社会资本进入,分步骤组织实施"互联网+"重大工程,重点促进以移动互联网、云计算、大数据、物联网为代表的新一代信息技术与制造、能源、服务、农业等领域的融合创新,发展壮大新兴业态,打造新的产业增长点。统筹利用现有财政专项资金,支持"互联网+"相关平台建设和应用示范;开展股权众筹等互联网金融创新试点,支持小微企业发展;降低创新型、成长型互联网企业的上市准入门槛，结合证券法修订和股票发行注册制改革，支持处于特定成长阶段、发展前景好但尚未盈利的互联网企业在创业板上市。鼓励开展"互联网+"试点示范，推进"互联网+"区域化、链条化发展。支持全面创新改革试验区、中关村等国家自主创新示范区、国家现代农业示范区先行先试，积极开展"互联网+"创新政策试点，破除新兴产业行业准入、数据开放、市场监管等方面政策障碍，研究适应新兴业态特点的税收、保险政策，打造"互联网+"生态体系。

（二）推进产业互联网化

推进产业互联网化，就是推动互联网向传统行业渗透，加强互联网企业与传统行业跨界融合发展，提高传统产业的数字化、智能化水平，由此做大做强数字经济，拓展经济发展新空间。数字经济特有的资源性、加工性和服务性，为产业互联网化提供更为广阔的空间。总体来说，产业互联网化就是推进互联网与第一产业、第二产业和第三产业的深度融合、跨界发展。产业互联网化的过程即是传统产业转型发展、创新发展和升级发展的过程。

目前，应该以坚持供给侧结构改革为主线，重点推进农业互联网化，这是实现农业现代化的重要途径；重点推进制造业互联网化，是实现制造业数字化、智能化的重要途径；重点推进服务产业的互联网化，是推进第三产业数字化发展的重要手段。大数据的迅猛发展，加快了产业"互联网+"行动进程。未来一段时间内，大数据将驱动金融、教育、医疗、交通和旅游等行业快速发展。

三、加快信息技术产业和数字内容产业发展

新的知识密集型产业正在成为新的经济增长点。我国也应该顺应知识密集型产业发展的历史潮流，加快新一代信息技术创新，积极发展数字内容产业，通过产业融合和链条经济推动产业结构升级调整。

（一）加强新一代信息技术产业发展

当前，以云计算、物联网、下一代互联网为代表的新一代信息技术创新方兴未艾，广泛渗透到经济社会的各个领域，成为促进创新、经济增长和社会变革的主要驱动力。国务院《关于加快培育和发展战略性新兴产业的决定》，提出要加快发展新一代信息技术产业，加快建设宽带、泛在、融合、安全的信息网络基础设施，推动新一代移动通信、下一代互联网核心设备和智能终端的研发及产业化；加快推进"三网"融合，促进物联网、云计算

的研发和示范应用，这将使数字经济在我国迎来前所未遇的发展机遇。然而，由于我国是在工业化的历史任务远没有完成的背景之下发展数字经济的，因此必须积极通过新一代信息技术创新，发挥新一代信息技术带动力强、渗透力广、影响力大的特点，充分利用后发优势推动工业、服务业结构升级，走信息化与工业化深度融合的新型工业化道路。在实践方面，中国移动、中国联通、中国电信三大电信运营商和华为、中兴等电信设备提供商在积极探索、推动以4G/5G、无线上网、宽带接入为核心的信息通信技术的发展，并取得了一定的成果，我国的信息通信产业正在日益成熟。

（二）重视数字内容产业的发展

数字经济已经从"硬件为王""软件为王"进入"内容为王"的时代，数字内容产业正逐渐成为增长最快的产业。然而，同数字经济发达国家比较，我国数字内容产业在产业链条、产业规划和法律环境等方面还存在一定的差距。首先，发达国家数字内容产业通常以内容产品为核心，通过产业前向和后向关联机制衍生出产业链条；国内数字内容产业则"有产无链"，没有充分发挥数字内容产业所蕴含的链条经济效应。其次，当前数字内容产业在各省份、地区蜂拥而上，缺乏国家层面的规划布局，造成重复建设、同质竞争和资源浪费，不利于产业未来做大做强。最后，国内知识产权保护意识薄弱，各种侵权行为层出不穷，严重侵害了数字内容产品开发者的利益，大大抑制了数字内容产业的创新步伐。因此，我国必须统筹制订数字内容产业发展规划，加大知识产权保护力度，以链条经济充分带动数字内容产业的发展。

总之，数字经济在我国已经扬帆起航，正在打破传统的产业发展格局。为此，政府需要从数字经济发展的平台建设、制订"互联网+"行动计划，重视数字内容产业发展等方面采取措施，推进新形势下我国产业结构调整，提高信息化程度，积极应对数字经济发展。

第三节 共享参与战略决策

数字改变生活，数字经济发展也正在改变我们的明天。数字经济时代，社会和公众如何共同参与数字经济发展，使经济社会发展的成果惠及全社会和广大民众，是国家加快数字经济发展的出发点和最终落脚点。

一、弥合数字鸿沟，平衡数字资源

我国数字经济发展的最显著优势是网民众多，这有利于我国成功从人口红利向网民红利转变。但是，以互联网为代表的数字革命普及和应用的不平衡的现实仍客观存在。

（一）数字鸿沟的主要表现

从横向观察，数字鸿沟的具体表现形态是多样的，既有微观主体视角下个人、企业层面的数字鸿沟，又有宏观视角下地区、国家层面的数字鸿沟。

从个体层面观察，数字化浪潮中，年轻人可以快速学会并习惯使用移动支付、预约出行、网络订餐等数字技术应用，成为数字时代的弄潮儿，而很多老年人则因为传统观念影响、学习能力偏弱等原因，这一方面的能力较弱。

从企业层面观察，一方面，不同行业的企业之间存在数字鸿沟。我国零售、文娱、金融等接近消费端的企业，很多已经接近或完成了数字化转型，而制造业、资源性行业的数字化程度则相对较低。另一方面，即使是在同一个行业内部，企业数字化的程度也有巨大的差异。报告中显示，虽然制造业中有不少数字化转型成功的领军型企业，但依然有超过半数的企业数字化尚处于单点试验和局部推广阶段。

从地区层面观察，我国地区之间的数字鸿沟突出表现在城市和乡村之间，以及东中西部地区之间。

从国家层面观察，数字鸿沟表现为国家与国家之间数字技术应用水平的差异。其中，最突出的是发达国家与发展中国家之间的数字鸿沟。

（二）弥合数字鸿沟的主要途径

1. 以硬件设施升级为重点弥合"接入鸿沟"

第一，扩大数字基础设施覆盖范围。推动"数字丝绸之路"建设，持续加大落后国家和落后地区固定宽带网络和移动通信基站的建设投入，并给予充分的资金和技术援助，包括数字基础设施建设的贷款和利率优惠、数字技术专利的适度共享等。同时，创新互联网接入方法，加快全球低轨宽带互联网星座系统部署，为偏远地区提供稳定的互联网接入方式。第二，提高互联网接入质量和传输能力。鼓励宽带技术、5G通信技术的创新与应用，提高数据传输速率、减少延迟、节省能源、提高系统容量，为在线学习、视频会议、智能制造、远程医疗等领域提供关键的支撑。第三，降低宽带和移动流量套餐资费。有序开放电信市场，以市场化竞争倒逼电信企业提高运营效率，降低服务资费。鼓励电信企业面向贫困学生等用户群体提供定向流量优惠套餐，面向中小企业降低互联网专线资费。

2. 以软件服务优化为抓手弥合"使用鸿沟"

一是培育专业化的数字人才队伍。通过组织优秀人才留学访问、跨地区交流等方式，将专业人才作为数字技术传播的桥梁和纽带，吸收发达地区的先进数字技术应用经验，不断提升落后地区群众的数字技能。二是优化数字教育资源公共品供给。各国政府与国际组织应当打造全国性和全球性的数字教育资源公共服务平台,指导教师运用数字化教学设备,提升在线授课技巧;帮助学生熟悉各类数字教育软件,提升在线学习效率。三是助推传统企业数字化转型升级。政府和行业组织应当鼓励传统企业学习数字化领军企业的成功转型经验,为企业运用工业互联网平台、建设智能工厂、打造智慧供应链提供专业技术指导。

3. 数字素养培育为特色弥合"能力鸿沟"

明确角色定位,推动形成以政府机构为规划领导者,教育机构为具体执行者,社会力量为辅助者的多主体数字素养培育体系。在这个体系里包括学生、工人在内的全体社会公民都是数字素养培育的对象。制定培育目标,构建集数字资源收集和鉴别能力、数字知识利用和交流能力、数字内容创造和输出能力、数字安全维护能力为一体的多元化培育框架,倡导有教无类,面向不同家庭背景、不同学历层次、不同工作岗位的群体,将数字素养培育融入家庭教育、学校教育、职业教育、社会教育中,打造全方位的数字素养培育模式。

二、大力倡导大众创业、万众创新

适应国家创新驱动发展战略,实施大数据创新行动计划,鼓励企业和公众发掘利用开放数据资源,激发创新、创业活力,促进创新链和产业链深度融合,推动大数据发展与科研创新有机结合,形成大数据驱动型的科研创新模式,打通科技创新和经济社会发展之间的通道,推动万众创新、开放创新和联动创新。

(一)扶持社会创新发展数字经济,蕴藏巨大的商机和展现更为广阔的市场

面对数字经济带来的新机遇、新挑战,政府应该帮助社会创新发展,因为只有创新才能使社会大众从数字经济的金矿里挖掘更多的"金子"。

1. 鼓励和扶持大学生和职业院校毕业生创业

实施"大学生创业引领计划",培育大学生创业先锋,支持大学生(毕业5年内)开展创业、创新活动。通过创业、创新座谈会,聘请专家讲座等形式鼓励和引导大学生创业、创新。积极扶持职业中专、普通中专学校毕业生到各领域创业,享受普通高校毕业生的同等待遇。免费为职业学校毕业生提供创业咨询、法律援助等服务。

2. 支持机关事业单位人员创业

对于机关事业单位工作人员经批准辞职创业的,辞职前的工作年限视为机关事业社保

缴费年限，辞职创业后可按机关事业保险标准自行续交，退休后享受机关事业单位保险机关待遇。

3. 鼓励专业技术人员创业

鼓励专业技术人员创业，探索高校、科研院所等事业单位专业技术人员在职创业、离岗创业的有关政策，对于离岗创业的，经原单位同意，可在3年内保留人事关系，与原单位其他在岗人员同等享有参加职称评聘、岗位等级晋升和社会保险等方面的权利。鼓励利用财政性资金设立的科研机构、普通高校、职业院校，通过合作实施、转让、许可和投资等方式，向高校毕业生创设的小型企业优先转移科技成果。完善科技人员创业股权激励政策，放宽股权奖励、股权出售的企业设7年限和盈利水平限制。

4. 创造良好创业、创新政策环境

简化注册登记事项，工商部门实行零收费，同时实行创业补贴和税收减免政策。取消最低注册资本限制，实行注册资本认缴制；清理工商登记前置审批项目，推行"先照后证"登记制度；放宽住所登记条件，申请人提供合法的住所使用证明即可办理登记；加快"三证合一"登记制度改革步伐，推进实现注册登记便利化。

5. 实行优惠电商扶持政策

建立和完善线上与线下、境内与境外、政府与市场开放合作等创业、创新机制。全面落实国家已明确的有关电子商务税收支持政策，鼓励个人网商向个体工商户或电商企业转型，对电子商务企业纳税有困难且符合减免条件的，报经地税部门批准，酌情减免地方水利建设基金、房产税、城镇土地使用税；支持电子商务及相关服务企业参与高新技术企业、软件生产企业和技术先进型服务企业认定，如符合条件并通过认定的，可享受高新技术企业等相关税收优惠政策。

（二）规范和维护网络安全

随着移动互联网各种新生业务的快速发展，网民网络安全环境日趋复杂。为此，政府需要加强法律制度建设，提高网民网络安全意识，维护社会公共利益，保护公民、法人和其他组织的合法权益，促进经济社会信息化健康发展。

应结合我国实际，借鉴国际经验，尽快启动规范数据使用和保护个人信息安全方面的立法工作。规范数据使用管理，对非法盗取、非法出售、非法使用、过度披露数据信息的行为，开展专项打击，整顿市场秩序。将个人使用数据的失当行为纳入公民社会信用记录，有效净化数据使用环境，同时还要强化行业自律，将有关内容纳入各行业协会自律公约之中，建立互联网、电信、金融、医疗、旅游等行业从业人员保守客户信息安全承诺和

违约同业惩戒制度。

（三）树立共享协作意识

移动互联网平台、大数据平台和手机 APP 等现代信息技术平台的推广运用，使社会、公众的联系愈加紧密。这也为数字经济时代社会协作发展提供了可能。

1. 积极发挥社会组织公益式孵化作用

社会组织本质上是自愿结社，具有平等共享和自发的特点。

成员之间平等交流、同业互助的社会关系能够促进良性的创新思维。同时，自发成立的社会组织本身也是一种创业和创新，可以说，社会组织天然地具有创新、创业基因。为了提高创业、创新的成功概率，应该积极发挥社会组织对创业者的公益式孵化作用，弥补国家、政府、企业无法顾及的创业、创新领域。在中关村就有多家社会组织为"大众创业、万众创新"提供全方位服务，比如"民营经济发展促进会""民营经济发展研究院""大学生创新创业联盟""职业教育产业联盟""中关村国大中小微企业成长促进会""中关村创业投资和股权投资基金协会"等，通过开办"创新创业大讲堂""创新创业服务超市""创新创业孵化基地"等，为数以万计的创业青年、众创空间、创业技术企业提供了融资、专业技能、管理水平、政策法规、办理执照等服务。

2. 坚持共享协作发展

数字经济时代，创业创新发展不再是孤军奋战，而是社会全面共享协作发展。所以，创业创新发展要获得巨大成功必须充分利用移动互联网平台、手机 APP 等数字化服务，加强政府、企业、社会共享协作发展，构建"政府引导、企业主导发展、社会共享协同参与"的数字经济发展新格局。

总之，数字经济发展成果广泛惠及社会民众，这是数字经济发展的根本。所以，弥合数字鸿沟、平衡数字资源，是社会共享参与数字经济发展的基本前提；大力倡导大众创业、万众创新战略行动，是社会共享参与数字经济发展的具体实践；规范和加强网络安全，加紧网络安全法规制度建设，是社会共享参与数字经济发展的重要保证。

第四章 中国数字经济的转型

第一节 推动数字经济转型的新科技

我们正处在一个从工业经济时代向数字经济时代大转型的时期,这一转型最大的推手是新科技。

可以用 DARQ5 来总结推动未来变革的五项黑科技,分别是:D(Distributed Ledger,分布式账本,也就是我们常说的区块链)、A(AI,人工智能与大数据)、R(VR 和 AR,虚拟现实和增强现实)、Q(Quantum Computing,量子计算)及 5G(快速实时的通信新标准)。区块链是构建未来价值互联网的底层技术,有可能推动去中心化的实现,并更有效地在商业社会中构建信任。人工智能与大数据是数字经济变革的最大推手,将持续推动机器智能的发展。VR 和 AR 是五项黑科技中应用最广的技术,在制造和娱乐领域已经有了应用场景,但是更重要的潜力在于在创建人与机器的数字分身的过程中,能够给予人直观感受。量子计算则是一个可能拥有巨大潜力的新推手,它将带来实质性的突破,不仅会带来机器算力的另类提升,也会为从密码学到化学制药的仿真实验等各个领域带来全新的实践模式。和 4G 一样,5G 是新一代移动通信技术的基础设施。如果说 4G 催生了至少三家市值接近万亿美元的公司,带来了智能手机这种几乎使人类肢体进化、大脑延伸的新科技,那么 5G 的潜力就更大。我们可以看到的是无人驾驶与远程医疗的突破,但是当 5G 真正成为全新的基础设施时,它最大的贡献可能是在全新的基础设施上"长"出新物种。

DARQ5 意味着未来科技所带来的转型和迭代会更猛烈,也需要每个人做好准备。

一、经济转型与数字效能

目前,5G、大数据、云计算、互联网、人工智能等数字技术不断融合、持续渗透,数字资源已成为数字经济时代最重要的生产要素,其分量不亚于工业时代的石油。在工业经济时代,生产要素主要在"路"上流动,例如铁路、公路、水路、航路等;而在数字经济时代，生产要素将在"网"上流动，例如互联网、物联网。

"数字基建"以5G、大数据、云计算、互联网、人工智能等科技型设施建设为重点，以新一轮科技革命和产业变革为导向，以数字化、智能化为支撑，对能源、交通、市政等传统基础设施进行改造，成为数字时代新的结构性力量，为我国经济转型升级奠定了非常重要的技术基础，具体体现在以下三个方面。

（一）推动我国数字经济发展的新基础

数字经济时代与过去的任何一个时代一样，都要有相应的基础设施作为基础与保障。例如，第一次工业革命开启的蒸汽机时代以铁路和运河建设为基础；第二次工业革命开启的电力时代以高速公路、电网建设为基础；第三次工业革命开启的信息时代以互联网和信息高速公路建设为基础。对于正在进行的第四次工业革命来说，以新一代信息技术和数字化为核心的新型基础设施是重要基础，也是目前世界各国都在投资布局的战略高地。

在过去的三次工业革命中，我国是被影响者、追随者乃至追赶者。目前正在开展的第四次工业革命是我国第一次以原发性国家的身份，与欧美等发达国家站在同一起跑线上。为了抢占战略高地，推动我国数字经济快速发展，获取领先优势，必须迎合当下的国际贸易规则，发挥我国的制度优势，大力推进新型基础设施建设。

（二）我国供给侧结构性改革新动能

传统基础设施建设需要投入土地、资源等基础要素，新型基础设施建设需要投入新一代信息技术、高端装备、人才和知识等高级要素，为我国战略性新兴产业、现代服务业的发展提供支持，为以创新为驱动力的经济转型提供动力。

在投资运营模式方面，新型基础设施建设与传统基础设施建设存在很大的区别，新型基础设施建设覆盖的范围更广，不同领域的基础设施实现了高度融合，参与投资、建设的主体更多，支撑的业态更丰富，对投资模式与运营模式创新提出了更高的要求。

例如，5G建设不仅需要无线技术与网络技术提供支持，还需要智能交通、智慧城市、智能家居、智能制造和智慧能源提供支撑。在以5G为代表的新型基础设施建设过程中，传统投资主体、运营主体、建设主体的边界被打破，投资模式、运营模式被颠覆、被创新，创新型企业、民营企业的进入门槛大幅下降，与之相对的产业生态更加丰富。新型基础设施管理涉及多个部门，市政、交通、安全、环境、信息化等，管理创新主要体现在以数字化平台为基础的集成管理，将在很大程度上颠覆政府公共基础设施现有的管理模式。

（三）有助于改善我国投资结构

我国已进入工业化后期，传统基础设施建设已走过高峰期，边际效益逐渐递减。从短期看，虽然以铁路、公路、机场为代表的传统基础设施建设仍可以拉动内需，但已无法对经济结构优化产生很大的作用，还有可能招致债务风险或金融风险。

现阶段，发展数字经济已成为世界各国的共识。新型基础设施建设不仅可以带动数字经济发展，还能拉动边际效益实现新一轮增长，对优化经济结构、拉动投资都能产生显著效应。从这个层面看，新型基础设施建设就像一个新引擎，可以产生一系列的拉动作用，拉动人工智能、工业互联网、物联网发展，促使制造业实现技术改造与设备升级，带动新型服务业快速发展，拉动以新材料、新器件、新工艺和新技术为代表的强基工程和以自动控制和感知硬件、工业软件、产业互联网、云平台为代表的"新四基"发展。

二、数字经济带来新技术

新技术从概念上来说可以分为近景技术和远景技术，它并不是单一的某种技术，而是涵盖了多种技术融合的技术群落，近景的新技术主要指在可见的 10 年内，伴随着互联网、物联网在经济社会生活中的广泛应用，大量实时、在线数据的产生、计算、存储和网络技术的飞速发展以及价格的下降出现的以云网端为基础设施的各种技术集合。这组技术群落体现为云（计算）、大（数据）、智（人工智能）、物（物联网）、移（5G 网络）、生物识别、区块链、无人机、无人驾驶汽车、机器人、虚拟现实/增强现实、3D 打印等在不远的将来会有大量的实践。

新技术的远景则指的是未来 30 年，伴随着人工智能时代的到来，新一代信息通信技术与材料、能源、生物医学、航空航天、认知科学等领域的协同与融合会呈现出加速趋势，比如基因科技、脑机接口、石墨烯、纳米技术、太空探索、量子计算、空中互联网等具象化新技术的层出不穷会叠加在近景的技术上带动奇点的来临，这些技术之间互为支撑，互相促进，在全球范围内，带来社会经济、地缘政治、法律伦理以及人口变化的新趋势。

这些新技术的特点与传统技术相比，拥有以下几个主要特征。

（一）人工智能无所不在

在数字经济之中，人工智能将无所不在，驱动着"比特+原子+生物世界"三者融合的新世界；以 AlphaGo 人机大战作为节点，人工智能成为产业界最受关注的一大热点。未来的人工智能将会无所不在，成为很多产品形态的核心技术基础，比如无人机、机器人、自动驾驶汽车、虚拟现实、增强现实等多种产品形态都以人工智能作为核心技术之一。伴随着机器智能化的加深，机器与人共存的世界将会到来，"比特+原子+生物世界"的融合可能会使我们无法分辨是虚拟还是现实。

(二) 技术成本和门槛降低，普惠化是趋势

以服务器、存储和软件为代表的传统信息技术产品的价格和门槛都很高，不仅采购成本高，而且维护运营成本也高；以云计算技术为代表的按需服务业务形态使得个人及各类企业可以用很低的成本就获得所需要的计算、存储和网络资源，不需要购买昂贵的软硬件产品及设备，大大降低了技术门槛，使得计算成为普惠技术。

(三) 开放、开源技术生态成为主流

传统的技术往往为某家大型企业所垄断，以封闭技术为主，生态也是围绕着自己专有的技术而建立的。而新技术的特点则是开放、开源技术成为主导，能够调动社会的力量共同完善技术，促进技术的迭代升级。

(四) 多种技术同步爆发，跨界技术融合成为主流

传统技术的变革主要以某一种技术的出现和发展为代表，对产业和经济的带动作用是有限的。而新技术则是多项技术同步爆发，技术之间的融合带动多个产业的化学反应，共同飞速发展，比如"基因技术+大数据+人工智能+云计算"能够推动基因行业的大变革。

(五) 随时随地无缝连接

新技术会不仅仅是带动人与人之间随时随地的连接，未来会带动人与物、物与物之间的无缝连接，这种连接伴随着以5G网络为代表的移动通信技术的成熟变成现实，带动每个人、每个物都时刻被量化。

(六) 新技术迭代创新速度变快

以互联网为起点、以云网端为基础设施的新技术的迭代创新速度比以往任何一个时代都快。新技术安装和扩展的速度很快，用户规模和个性化需求可能急剧增加，这也倒逼着新技术需要快速迭代才能满足和适应用户规模和需求的变化。

从对未来新技术的布局来看，以美国谷歌公司为例，作为最早提出云计算概念和推出服务的公司之一，面向未来新技术的布局也令人关注。AlphaGo大赛已经初步显示出Google在人工智能领域的领先布局，它还涉足自动驾驶汽车、虚拟现实/增强现实、混合操作系统、无人机、智能家居、医疗和能源、气球互联网（ProjectLoon）等多个领域。

人类社会的发展历史可以总结为三次大的技术革命：第一次技术革命是以蒸汽机的发

明与使用为代表,释放了人的体力;第二次技术革命以电力的发明为代表,释放了人的距离;第三次技术革命是以信息技术的产生和发展为代表。目前处在第三次技术革命的第二阶段,从互联网的普及开始,未来将会以释放人的大脑为目标。这个阶段以互联网的产生和发展为契机,摩尔定律、吉尔德定律和梅特卡夫定律三大定律为互联网奠定了理论基础,前两个定律主要是硬件发展的理论基础,梅特卡夫定律则为互联网的社会和经济价值提供了基础依据。这三大定律也促进了今天和未来10年新技术群落的诞生与快速演进。

但是,伴随着硅芯片逼近物理和经济成本的极限,摩尔定律的结束已然可以看见。晶体管的微型化已经不能保证成本更低或速度更快。而以芯片立体化、石墨烯、内存计算、量子计算、神经形态计算等为代表的技术可能会成为驱动计算性能继续实现指数级增长的新源泉。

三、新技术发展现状与趋势

如果把以往的20年当作是互联网的初级阶段,初步打造起比特支撑的数字世界,那么今天新技术的发展走到了关键节点,未来30年的目标就是要实现比特、原子和生物世界三者的融合,把人脑解放出来,万物智慧的时代到来。

(一) 云网端的进步奠定基石

今天的云计算由于成本、效率的优势已经逐渐成为创新的后端技术基石,从小企业上云,到大企业、政府和金融行业都纷纷拥抱云计算服务,未来的方向主要是朝向更大规模并行计算、混合云、更强的处理能力等方向发展,同时CPU的发展也是未来云计算能够支撑基于大数据的人工智能应用的关键。

网络通信技术的进步是新技术体系中最核心的技术之一,5G网络不仅将进一步提升用户的网络体验,同时还将满足未来万物互联的应用需求,能够满足消费者对虚拟现实、超高清视频等更高的网络体验需求。同时,以谷歌气球互联网计划和Facebook无人机计划为代表的创新技术结合不断发展的卫星网络有可能带领大家进入"空中网络"时代。

物联网智能终端的多样性会为万物互联奠定"物"的基础,传感器技术、标签技术、控制器技术、嵌入式系统、物联网操作系统等技术及标准的统一将会成为发展的关键,充分考虑到低功耗内存和电源的物联网操作系统是重要方向,不同物联网设备之间的互联互通技术变得格外重要。

(二) 人工智能会成为未来万物智慧的核心

人工智能也经历了几番起起落落。今天实现大规模落地和巨头们的重点方向,是"大数据+云计算+深度学习算法"三大技术基础的成熟和发展必然。

首先，云计算平台可以利用成千上万台的机器进行计算，尤其是GPU的发展为加速人工智能落地奠定了基础计算能力，使得类似于人类的深层神经网络算法模型为代表的人工智能应用成为现实。

其次，大数据时代已经到来，多来源、实时、大量、多类型的数据可以从不同的角度对现实进行更为逼近真实的描述，而利用深度学习算法可以挖掘数据之间的多层次关联关系，为人工智能应用奠定了数据源基础。

最后，是算法的发展，以人工神经网络（ANN）为代表的深度学习算法成为人工智能应用落地的核心引擎。

"计算+数据+算法"三种技术相辅相成、相互依赖、相互促进，才能使得人工智能有机会从专用的技术成为通用的技术，逐渐融入各行各业之中，也推动了诸如无人机、机器人、自动驾驶汽车等新硬件产业的诞生和发展。

但是，今天依然是弱人工智能时代，人工智能技术还主要为了解决特定的问题而存在，是任务型的人工智能，以人工神经网络算法为代表的深度学习算法只解决了低层次的理解问题，未来要拥有人一样的思考、感知和认知能力还需要方法和理论上的突破。伴随着算法和计算领域的突破，无监督学习、强化学习、迁移学习算法和推理能力的有机结合，将推动人工智能可以发展到具备大脑的能力，创造新的智能体，能够自主管理好虚拟世界。

四、新技术的意义或价值

新技术近景起源于互联网，作为普惠技术群落，未来是实现人人都可以用得起的技术。而这种普惠性可以带动社会创新的加速并激发新的生产力，产生新的社会经济价值。

由于新技术的出现，作为新能源的数据随时随地产生，并且能有机会实现流动、共享、融合和开放，成为替代劳动力和资本之外的又一生产要素。在传统的数据应用生态中，由于生态的封闭性，数据的流动往往局限在企业内部，而新技术的应用使得数据这种新的生产要素可以在云计算平台之上走出企业，与外部数据进行融合，激发出更大的生产力，不仅驱动企业业务和决策效率的提升，同时也成为业务创新的新核心。新技术与新资源的融合创新会产生无限的想象和空间。

新技术远景是以人工智能为核心的跨界融合技术，会带动很多行业的大变革，制造业、交通、服务业、医疗行业、金融业等行业都因为人工智能的崛起而变得不同。比如，未来无人驾驶汽车主宰的交通系统将不再需要红绿灯和交通标志，而驾照也将是个过时的概念；机械制造行业的未来可能会由智能机器与人协同完成，机器的行为会基于"数据+算法"不断迭代优化，成为机械制造业转型升级的基础；机器人还将被用于快递、清洁和强化安全，未来用于家庭娱乐和教育的机器人会走入寻常百姓家；很多职业都会消失，比如客户服务人员、电话营销人员、会计审计、零售人员等。

在我国，中国人民银行和工业和信息化部等部门也在积极探讨推动区块链技术和应用发展，以促进其价值发挥，提早防范风险。

第二节 加快数字化转型步伐

一、加强数字经济基础设施转型与升级

数字经济时代到来后，通信网络、互联网、云等信息基础设施成为数字经济基础设施的核心组成部分。

（一）数字经济基础设施概述

随着数字经济的不断发展，数字经济基础设施的概念更广泛，既包括传统意义上的信息基础设施，也包括对物理基础设施的数字化改造。

1. **数字经济基础设施的分类**

数字经济基础设施一般分为两种：专用型和混合型。专用型数字经济基础设施是指本质就是数字化的基础设施，如光纤宽带、无线通信网络、云资源池等。根据属性的不同，专用型数字经济基础设施又可以分为网络基础设施和平台基础设施两部分。混合型数字基础设施是指增加了数字化元素的传统实体基础设施。例如，安装了传感器的自来水总管、数字化交通系统等。这两类基础设施共同构成数字经济发展的基础，为数字经济的发展提供了保证。

2. **数字经济基础设施的作用**

数字经济基础设施在推进数字经济发展，实现网络强国战略中起到了十分重要的支撑和推动作用。数字经济基础设施主要实现了数据的存储、分析、传输和交互，以及通过数字化手段对传统基础设施的管理、调度和控制等。随着移动互联网、大数据、云计算等技术和产业的发展及"中国制造2025""互联网+"、智慧城市建设等为代表的传统产业和传统领域的数字化，每时每刻都在产生大量的、各种形式的数据。这些数据只有通过基础设

施进行传输、计算、存储，才能用于数字产品的生产和消费，从而成为新的增长点。

3. 数字经济基础设施的特点

与传统基础设施相比，数字经济基础设施具备演进性、泛在性、动态性和自主性四大特征。

（1）演进性

演进性是指随着技术进步，数字经济基础设施可以根据需求的变化进行不断升级。以移动通信网络为例，2G 到 3G 的演进满足了互联网由固定到移动的扩展，3G 到 4G 的演进满足了移动场景下高清视频、直播和 VR 游戏等各种新需求，4G 到 5G 的演进又将满足无人驾驶等更加实时、智能的需求。数字经济基础设施的升级速度较传统基础设施速度更快、兼容性更好。

（2）泛在性

泛在性指的是数字经济基础设施更容易大范围普及，满足更多的应用需求。以宽带为例，农村实现村村通宽带，将成为推进速度最快、覆盖最广的基础设施，另外，数字经济基础设施使得用户能够低成本、低门槛地使用丰富的信息化应用。当前第一、二、三产业几乎所有的行业都用到了以移动网络、光宽网络、云计算等为代表的数字经济基础设施，而且依赖程度逐渐加大。数字经济基础设施已经和传统基础设施一样不可或缺。

（3）动态性

动态性指的是数字经济基础设施的服务提供过程更加灵活，能够实时调整自身的各种属性来适应具体的业务和应用。如用户在使用云计算服务时可以根据业务需要定制存储和计算能力，并且云平台能够根据业务并发量自动采取合适的资源调度策略，保证每个用户的使用需求。

（4）自主性

自主性指的是数字经济基础设施高度自动化，人为干预的成分非常小，无论是连接、存储还是分析都由系统自动完成，出现错误时可以自动矫正或重启，恢复到错误之前的状态，也会根据预设自动调整性能和容量满足不同需求。

（二）数字经济基础设施的转型升级

1. 网络基础设施加速向高速率、万物互联、智能化升级

网络基础设施是数字经济基础设施的核心，是"基础的基础"，主要由通信网络、互联网和物联网组成。过去 10 年，网络基础设施发生了翻天覆地的变化，在速度、覆盖、时延等方面提升明显。但是传统网络因其设计复杂、开放性不足、调整效率低等原因，已经无法适应下一代应用与业务对基础网络设施提出的更简单、更开放、更灵活、更广泛的要求。

(1) 更简单

需要能够方便地将网络功能元素与其他功能要素进行组合，从而产生多种新的不同功能、不同性能的系列产品，并最终形成更为优秀的产品形态，这就需要基础网络功能简单易用、界面友好。

(2) 更开放

互联网公司业务设计方式已经从"以用户为中心"开始向"用户参与式"转变，通过用户深度地参与业务设计，更快、更准确地把控和满足用户需求。因此，互联网企业希望网络更加开放，更简单地实现调用和配置，也能更方便地通过产业链上下游的合作来完成拼图，构建整个系统。

(3) 更灵活

互联网业务快速迭代，要求网络必须具备快速灵活的拓展架构，方便配合其业务变化的现实需求。

(4) 更广泛

产业互联网将带来工作方式和环境的全新变化。人们可以通过虚拟的、移动的方式开展工作，这就需要将无处不在的传感器、嵌入式终端系统、智能控制系统、通信设施通过CPS（Cyber Physical Systems）形成一个纵横交错的智能网络，使人与人、人与机器、机器与机器及服务与服务之间能够实现横向、纵向和端对端的高度互联与集成，让物理设备具有计算、通信、精确控制、远程协调和自治等五大功能，从而实现虚拟网络世界与现实物理世界的深度融合。

在 5G、虚拟化、万物互联和 IPv6 等新技术的驱动下，传统网络基础设施加快向新一代网络基础设施演进，以互联网化应用为核心，更强调以人为本和以应用为本，满足"资源+通信+信息应用"的综合服务需求。

5G 网络定义全新应用场景。移动互联网的高速发展使得社会对移动网络的需求超过固定网络，移动网络接入设备和数据流量均已超过固定网络。4G 网络已基本满足高速泛在应用需求，但却无法满足高清语音视频、无人驾驶、人工智能、虚拟现实等新技术的应用场景中高可靠和低时延的需求。与 4G 网络相比，5G 网络不仅传输速率更高，而且在传输中呈现出连续广域覆盖、热点高容量、低功耗大连接和低时延高可靠的特点，将成为未来信息社会的重要基础设施和关键使能者。5G 具备比 4G 更高的性能，支持 0.1~1 GB/S 的用户体验速率，每平方千米一百万的连接数密度，毫秒级的端到端时延，每平方千米数十 Tb/s 的流量密度，每小时 500 km 以上的移动性和数十 GB/s 的峰值速率。相比 4G，5G 频谱效率提升 5~15 倍，能效和成本效率提升百倍以上。网络切片技术，即在一个硬件基础设施中切分出多个虚拟的端到端网络，每个网络切片在设备、接入网、传输网及核心网方面实现逻辑隔离，适配各种类型服务并满足用户在优先级、计费、策略控制、安全、移动性等功能方面的不同需求，以及在时延、可靠性、速率等性能方面差异化的需求。

5G 的技术创新可在传统行业领域拓展出全新应用：①超可靠低时延场景，如在线游戏和车联网；②低功耗大链接场景，如智慧城市、工业制造；③增强移动宽带业务场景，如 VR/AR 视频、演出和赛事等人群聚集地区的网络使用保障。其中，5G 在生产领域的应用创新将会带来巨大的影响：首先，生产制造设备无线化使得工厂模块化生产和柔性制造成为可能；其次，无线网络可以使工厂和生产线的建设、改造施工更加便捷，并且通过无线化可减少大量的维护工作，降低成本；再次，在智能制造自动化控制系统中，低时延的应用尤为广泛，如对环境敏感的高精度生产制造环节、化学危险品生产环节等；最后，工厂中自动化控制系统和传感系统的工作范围可以是几百平方千米到几万平方千米，甚至可能是分布式部署。根据生产场景的不同，制造工厂的生产区域内可能有数以万计传感器和执行器，需要通信网络的海量连接能力作为支撑。

未来 5G 不仅仅是一次技术升级，更为我们搭建一个广阔的技术平台，催生无数新应用、新产业。当前 5G 标准正在加速制定过程中，主要由 3GPP 主持修订。

在经历了"2G 跟随、3G 突破、4G 同步"之后，5G 时代中国正奋力谋求获得"领跑者"地位，立志占据 5G 技术制高点，引领世界产业的发展。

万物互联开启智能化时代新阶段。互联网已满足了人与人之间的通信需求，然而要实现人类社会的智能化，万物互联是必经之路，世界上有超过 500 亿台设备实现联网，物联网产生的海量数据可以帮助我们更好地了解这个世界，做出更为准确的判断和更为精准的控制。

物联网主要有三个关键技术：连接、标志及数据的操作。物联网是设备通过无线技术的连接方式将数据传送到物联网系统，无线连接是系统中极为重要或最为薄弱的链路，因此，选择一种能够匹配设备及其周边环境的无线技术非常重要。目前，行业中共有多种无线技术可供物联网应用场景选择，其中以授权频段 NB-IoT 最为典型，被广泛应用于各大领域。

NB-IoT 技术具备强链接、高覆盖、低功耗、低成本的特点，相比非授权频段技术安全性高、干扰小，与现有蜂窝基站复用不需独立组网，是标准化程度高的优势，是未来支撑广域低功耗（LPWA）业务场景的主流技术。当前中国电信已建成世界范围内第一张，也是最大的一张 NB-IoT 商用网络，支撑智慧城市等行业的快速发展。

物联网平台是指同时具备设备管理、数据存储和业务使能的综合性平台，一般能够兼容多种物联网设备接入和通信协议，支持连接管理、设备认证、流量控制、数据汇聚、安全保障、业务使能等多种能力，并通过开放 API 供上层业务和应用调用。通过面向传统行业和政企客户的定制化物联网应用解决方案,支撑传统行业的数字化转型。未来同时具备设备管理和业务使能的综合性平台将逐渐显现出优势,成为产业主流。

虚拟化技术支持网络架构转型升级。移动网络与物联网都是接入网络,由光纤宽带构成的核心网承担了所有的数据传输重任。当前核心网络的总体架构由"传送承载"和"业务控制"两个大的功能层级和多个子层构成,是一个复杂封闭的体系,同时有 IT 支撑系统作为其辅助系统,保障网络的正常运行,这样设计的目的是保证业务独立运营。但同时也存在一些根本性的问题:①网络由大量单一功能的专用设备构成,结构复杂缺乏灵活性;②网元封闭,设备功能扩展性差;③形成"业务烟囱",每个新业务都要开发新设备、新协议,不同业务彼此难以融合,无法快速灵活部署;④运营复杂,成本居高不下。因此未来网络架构需要进行重新定义设计,以进一步巩固网络发展基础,提升公共服务水平。

未来网络整体架构将向智能化的方向发展。通过深化开源技术应用,引入 SDN/NFV/云等新技术,构建新型的简洁、敏捷、开放和集约的智能型网络:简洁指网络的层级、种类、类型、数量和接口减少,运营和维护的复杂性和成本降低;敏捷指网络提供软件编程能力,资源弹性可伸缩,便于网络和业务的快速部署和保障;开放指网络能够形成丰富、便捷的开放能力,主动适应互联网应用所需;集约指网络资源不再分散分域,而是能够统一规划、部署和端到端运营。

网络重构的重点是敏捷和开放两个方面。一方面,敏捷网络提供业务随选的能力。当前的网络特性是高速泛在的,无论何时何地都可以具备超高带宽的网络连接,然而用户的多元化需求却无法很好地得到满足,传统大型企业对价格不敏感,只要求有专网保证带宽和速率,云端接入体验好即可,动态调整的需求也有限。而越来越多的小微企业对价格十分敏感,而且业务发展速度快,希望配套信息服务能够及时跟进,另外还有金融医疗、园区楼宇商场等,都有特殊的需求。在双创激励下,我国中小企业规模大幅发展。随选能力正是为应对此种情况而生,它包括带宽随选、路径随选、网络功能随选、"云+网"一站式服务、用户自服务门户。适用的场景有点到点、点到数据中心、点到互联网。另一方面,开放网络提供资源自动配置能力。传统面向大众市场的业务已经趋于饱和,面向企业客户的市场是发展重点。企业客户更需要融合营商能力与互联网能力的融合通信/云通信。通过能力开放平台,运营商将原本彼此独立的网络资产(如码号、语音、流量、短信、计费、定位、安全、QoS 保障等)以 API 的形式开放给业务合作伙伴,通过更灵活的解决方案和商业模式聚合应用开发者、OTT 业务提供商、行业 SI,共同打造云通信生态。

当前国内外先进运营商都在进行网络的智能化转型升级,中国电信发布 CTNet2025 计划,预计在 2025 年左右实现整体网络的虚拟化和智能化。

IPv6 助力互联网摆脱限制升级换代。随着"互联网+"、物联网和工业互联网等网络应用融合发展，全球对 IP 地址的需求还将持续增长。我国是世界上较早开展 IPv6 试验和应用的国家，在技术研发、网络建设、应用创新方面取得了重要阶段性成果，已具备大规模部署的基础和条件。IPv6 的规模部署，构建高速率、广普及、全语盖、智能化的下一代互联网具有十分重要的意义：首先，IPv6 是互联网演进升级的必然趋势，基于互联网协议第四版（IPv4）的全球互联网面临网络地址消耗殆尽、服务质量难以保证等制约性问题，IPv6 能够提供充足的网络地址和广阔的创新空间，是全球公认的下一代互联网商业应用解决方案；其次，IPv6 是技术产业创新发展的重大契机，推进 IPv6 规模部署是互联网技术产业生态的一次全面升级，深刻影响着网络信息技术、产业、应用的创新和变革；最后，IPv6 是网络安全能力强化的迫切需要，加快 IPv6 规模应用为解决网络安全问题提供了新平台，为提高网络安全管理效率和创新网络安全机制提供了新思路。

和 IPv4 相比，IPv6 协议主要在地址长度、IP Sec 可选扩展、数据报头 QoS 支持等方面做了扩充和优化，正是由于这些技术上的改变，以 IPv6 为核心的下一代互联网相对于建立在 IPv4 协议上的现代互联网有以下优点：

①地址充足；

②简单快捷；

③扩展方便；

④层次结构；

⑤即插即用；

⑥内置安全；

⑦QoS 考虑；

⑧移动便捷。

2. 平台基础设施逐渐成形并向云与边缘计算融合化及感知智能化方向发展

平台基础设施是在网络技术设施之上，聚合存储、计算、分析等多种通用能力并以标准 API 或 SDK 形式对外开放，以供上层应用调用的软件系统的统称。平台基础设施的发展是动态的，一般而言，信息通信领域创新技术都是专门为支持某项业务而生，如果某项技术的通用性越来越强，被越来越多的业务所使用，此项技术就会逐渐脱离应用层，下沉成为平台基础设施的通用能力。早期的云计算和大数据、当前的人工智能和区块链、未来的边缘计算都属于这类通用型技术，它们共同构成信息基础设施的平台部分。平台基础设施的作用将逐渐超过网络基础设施，为数字资源的管理和上层应用提供坚实的基础。

平台基础设施具备集约性、受技术驱动演进速度快、自动化运营要求高、弹性/柔性四个特征。首先是集约性，平台基础设施多数汇聚了应用所需的各种通用能力，将以往需要多个步骤、多地解决的问题汇集在一起解决，极大地提升了效率。其次是受技术驱动演进速度快，相比于下层的网络技术设施，平台基础设施更软件化虚拟化，更贴近应用，可以根据应用的实际需求快速做出调整，如为满足中小企业入云需求，云平台由私有云向公有云过渡，又迅速演化出边缘计算满足海量物联网设备接入的需求。还有就是平台基础设施的自动化运营要求高，平台基础设施诞生的目的就是要自动高效地处理业务流程，减少故障提高效率。例如，人工智能平台，就是将多种人工智能算法聚合在一起，自动处理数据得到分析结果。弹性/柔性指的是平台技术设施的部署、改变都是非常简单的。既可以集中部署也可以分布式部署，同时可以根据任务量灵活增减。例如，云计算平台，可以在一个大的资源池里灵活划拨应用所需资源，实时调整减少运营成本。

云网加速融合，公有云占比增大。云计算发展较早，技术成熟度和平台的普及程度较高。技术方面，未来将会有几点变化：首先容器技术将助力云计算进一步发展，其次是更加高效的 Unikemerl 技术，再次，还有 X86 在基础计算架构领域一统天下的局面将改变，最后是云计算与物联网技术的结合成为新的技术与业务发展方向。

平台方面，云计算平台技术成熟度高、功能相似、性能接近，同质化趋势明显。访问云的网络连接质量、使用便捷度已经成为影响云平台使用感知的关键，运营商、互联网公司及专业第三方等都已经高度关注云的接入质量和体验。因此，云网融合，即网络随云资源池需求而动态调整，计算、存储和网络资源统一分配调度成为行业发展的趋势。国内外领先云服务商如亚马逊、阿里都推出了云间高速网络，中国电信、日本 NTT 等有云有网的运营商也为云业务优化了专网设施。

产业方面，目前包括微软、谷歌、亚马逊等在内的国际厂商都有公有云服务，由于价格低廉、部署方便，并且具备很好的灵活性，很多企业都选择公有云作为 IT 基础设施。国内厂商阿里巴巴、百度、盛大等也在提供类似服务。我国公有云市场虽起步较晚，但发展迅速。成熟的公有云产业为我国的产业智能化转型、"中国制造 2025" 和 "互联网+" 提供了坚实的基础。

云计算的中心化能力在网络边缘存在诸多不足，物联网、智能制造的新需求驱动了边缘计算的兴起和发展。云计算的不足主要体现在以下几个方面：

计算：线性增长的集中式云计算能力无法匹配爆炸式增长的海量边缘数据。

传输：传输带宽负载急剧增加造成较长网络延迟，难以满足控制类数据、实时/准时流式数据传输需求。

安全：云平台的安全与应用软件、平台、操作系统、多段网络、权限管理等多方面因素有关，边缘数据的安全隐私受到极大关注。

能耗：边缘设备传输数据到云平台消耗较大电能，从云平台获取数据到设备现场也需要二次耗能。

新的需求驱动主要体现在以下两个方面：

物联网：随着网络覆盖的扩大、带宽的增强、资费的下降，万物互联触发了新的生产模式和商业模式，催生新的数据生产和消费方式。

智能制造：离散制造和流程制造亟待靠近现场，能提供可靠性强、实时性/准时性强的 ICT 系统，以实现 IT 与 OT 深度融合所需的局部数据闭环。

边缘计算是继云计算之后的一个理念创新，可以在边缘端解决以上问题。边缘计算特指在靠近物或数据源头的一侧，调用平台的计算、存储、应用核心能力，就近提供服务。边缘计算和云计算并不会相互排斥，而是相互融合创新，推动新的产业变革和创新。

边缘计算已经成为平台基础设施的新战场：主要用于工业互联网和智慧城市等新场景，具备 CROSS 价值，成为连接物理与数字世界的关键，具备以下优势：

①连接的海量与异构（Connection）；

②业务的实时性（Real-time）；

③数据的优化（Optimization）；

④应用的智能性（Smart）；

⑤安全与隐私保护（Security）。

智慧城市及工业互联网边缘计算网关将成为基础设施端与云平台端重要的中间环节，将融合多种多元化的异构协议解析和业务模型及学习算法等能力。

开放边缘计算，催生产业新生态：边缘计算将与硬件终端、网络连接、云平台及应用组成完备行业智能化生态体系。

人工智能走向商用，成为智能化升级的核心。人工智能可以理解为让机器具备类似人类一样观察、总结、推理问题的能力。在计算机系统中，"经验"通常以"数据"的形式存在，因此，机器学习是从"数据"中产生"模型"的过程。有了"模型"，之后再遇到新的问题，代入模型就可以得到结论。受益于强大计算能力和海量数据，深度学习成为人工智能中最先走向应用的技术。深度学习以神经网络为架构，海量数据为原料训练算法，数据量越大深度学习的结果越好，从而提供更好的服务，获取更多的数据，这些数据反过来又可以用于训练，良性循环。根据发展方向不同，人工智能分为语音识别、图像识别、语言理解、机器人等应用技术。语音识别、图像识别是目前最成熟的两种，普遍准确率都超过 90%。和文字相比，语音更加自然简单，同时输入效率更高，解决了汽车、手表等设备不方便文字交互的问题，因此语音被认为是下一代人机交互的主要形式。图像识别的重要应用是人脸识别，通过提取人脸特征信息实现在金融、安防等多个领域的应用。一个比较知名的例子是人工智能科学家吴恩达用人工神经网络观看一周 YouTube 视频，自主学会识别哪些是关于猫的视频。

人工智能有望引领未来技术浪潮，但它的发展需要其他技术如云计算、大数据和物联网等共同助力推动。

谷歌和百度等知名互联网公司均将人工智能作为公司下一阶段发展重点，已经对外提供人工智能平台，即承载通用型的人工智能技术并向外提供服务，如谷歌的 Tensor Flow、百度的 Apollo 开放平台。

国务院印发了《新一代人工智能发展规划》，确立了我国新一代人工智能发展"三步走"战略目标，力争在 2025 年实现人工智能基础理论重大突破，部分技术与应用达到世界领先水平；在 2030 年人工智能理论、技术与应用总体达到世界领先水平，成为世界主要人工智能创新中心。

区块链解决平台中心化，成为价值传输基础设施。区块链是一种分布式的数据存储系统，是云计算平台的一种体现形式。互联网构建起了信息传输的高速公路，但仍然不能很好地解决价值传输的需求，中心化成为瓶颈。如果网络上大家的交易都通过一个中心化的平台，势必造成这个中心过于庞大，提高了交易成本，降低了交易效率。区块链技术最开始是为解决交易的中心化问题而产生的，它通过让集体共同维护一个分布式的账本，很好地解决了这个问题。区块链具备很多优势，如去中心化、分布式记录存储、信息安全透明、交易脚本可编程等，所支持应用越来越多，已超出互联网金融延伸到各个行业：在金融行业，高效低成本解决信用中介问题；在生产行业，保证数据安全，实现供应链同步；在文化娱乐行业，保护版权等数字资产；在商业领域，实现"智能合约"，合约条款由网络强制执行，无法否认或修改。当前区块链技术仍在探索期，未来将会得到大量应用，成为平台基础设施重要的组成部分。

3. 传统物理基础设施的数字化融合

随着数字经济向融合领域延伸，数字经济基础设施的概念更为广泛，不仅包括信息基础设施本身，也包括了传统物理基础设施中与信息基础设施相融合的部分。数字化赋予了物理基础设施中流动的比特新的意义，通过数字化使社会生产、商业运作与物理实体解耦从而更加方便灵活易用（如移动支付、社交网络），并且通过对数字信息的重新组织与处理，挖掘其中新的机会与价值（如大数据分析）。简而言之，信息基础设施是连接物理基础设施与数字经济世界的纽带，是数字世界中商业创新、交互与送达的引擎。

新一代信息技术快速成熟并应用于各种传统行业，为传统行业带来巨大创新和业务量的快速增长、经济效益提升，从而正向拉动传统行业基础设施建设和重构。同时，信息基础设施的快速发展也离不开完备的、无处不在的传统行业基础设施的支撑，两者呈现相辅相成、螺旋式上升的关系。这里将选取工业互联网和能源互联网两个典型行业的基础设施数字化型详细阐述。

(1) 工业互联网

随着全球范围内新一轮科技革命和产业变革蓬勃兴起，工业互联网作为当前新一轮产业变革的核心驱动和战略焦点，日益成为新工业革命的重要基石。在国务院发布《关于深化"互联网+先进制造业"发展工业互联网的指导意见》中提到工业互联网通过系统构建网络、平台、安全三大功能体系，打造人、机、物全面互联的新型网络基础设施，形成智能化发展的新兴业态和应用模式，是实现制造强国和网络强国建设的重要基础。

在工业互联网中，网络是工业系统互联和工业数据传输交换的支撑基础，即通过工业全系统的互联互通，促进工业数据的无缝集成，实现产业上下游、跨领域的信息集成共享；平台是工业智能化的核心驱动，即通过平台汇聚工业数据，搭建全周期管理与应用模型，实现机器柔性生产、运营管理优化、生产协同组织与商业模式创新，推动工业智能化发展；安全是网络与数据在工业中应用的安全保障，即通过构建涵盖工业全系统的安全防护体系，保障工业智能化的实现。

工业互联网中的网络化是指机器、原材料、控制系统、信息系统、产品及人之间的互联，涵盖从物理层到应用层的各类连接形态。随着信息通信技术向工业领域加速渗透，工业网络化需求的性能不断提升，类型不断丰富，极大地拓展了传统工业网络的内涵和外延，为工业互联网的发展奠定了良好基础。中国电信集团公司与中国信息通信研究院联合发布的《工业连接计划白皮书》中，重点提出了企业内连接和企业外连接。企业内的连接包括现场设备、工厂控制系统、私有云平台、生产工人四类对象间的互联关系；企业外的连接包括企业、公有云平台间的互联关系，企业和智能产品、用户的互联关系，以及对应工业互联网发展的四类应用场景，这四类场景分别为促进智能化生产的智能生产场景，促进网络化协同的网络协同场景，促进个性化定制的用户定制场景，促进服务化转型的服务化场景。

安全是工业互联网健康发展的重要保障。随着信息化和工业化深度融合，需要加快建立设备安全、控制安全、网络安全、平台安全和数据安全等多层次安全保障体系，加强推动攻击防护、漏洞挖掘、入侵发现、态势感知、安全审计、可信芯片等安全产品。其中，工业云中存储的数据具有较高的敏感性，涉及工业企业知识产权和商业机密，是其核心资产的重要组成部分，有些数据资料甚至关系到国家安全。因此对数据的窃取或者破坏将造成严重经济损失、社会影响甚至国家安全等问题。由于工业系统的重要性，工业云可能会面临更多的威胁，与通常 IT 环境下的云相比，必须更加重视安全性和恢复能力，当前的信息安全处于持续攻击的时代，即从"应急响应"到"持续响应"的处理过程。

(2) 能源互联网

能源互联网可理解为是综合运用先进的电力电子技术、信息技术和智能管理技术，将大量由分布式能量采集装置、分布式能量储存装置和各种类型负载构成的新型电力网络、石油网络、天然气网络等能源节点互联起来，以实现能量双向流动的能量对等交换与共享网络。

能源互联网与信息通信基础设施关系密切，首先它利用先进的传感器、控制和软件应用程序，将能源生产端、能源传输端、能源消费端的数以亿计的设备、机器、系统连接起来，形成了能源互联网的"物联基础"。同时，大数据分析、机器学习和预测是能源互联网实现生命体特征的重要技术支撑：能源互联网通过整合运行数据、天气数据、气象数据、电网数据、电力市场数据等，进行大数据分析、负荷预测、发电预测、机器学习，打通并优化能源生产和能源消费端的运作效率，需求和供应将可以进行随时的动态调整。能源互联网表现出五大要素。

①可再生

可再生能源是能源互联网的主要能量供应来源，可再生能源发电具有间歇性和波动性的特征，其大规模接入会对电网的稳定性产生冲击，从而促使传统的能源网络转型为能源互联网。

②分布式

由于可再生能源的分散特性，为了最大效率地收集和使用可再生能源，需要建立就地收集、存储和使用能源的网络，这些能源网络单个规模小、分布范围广，每个微型能源网络构成能源互联网的一个节点。

③联网

大范围分布式的微型能源网络并不能全部保证自给自足，需要联网起来进行能量交换才能平衡能量的供给与需求。能源互联网关注将分布式发电装置、储能装置和负载组成的微型能源网络互联起来，而传统电网更关注如何将这些要素接进来。

④开放性

能源互联网是一个对等扁平和能量双向流动的能源共享网络，发电装置、储能装置和负载能够即插即用，只要符合互操作标准，这种接入是自主的。

⑤融合

能源互联网的基础设施建设不能完全摒弃已有的传统电网，特别是传统电网中已有的骨干网络投资大，在能源互联网的结构中，应该考虑对传统电网的基础网络设施进行改造，并将微型能源网络融入改造后的大电网中，形成新型的大范围分布式能源共享互联网络。

智能电网是能源互联网的一个环节，除了智能电网以外，能源互联网还包括：智能发电、智能用电、智能储能，以及电力价值链外的智能服务和智能交易环节。智能电网还是基于以前的传统电力业务，基于专网通信系统，不开放，相对封闭，不能和其他系统相融合。能源互联网是基于物联网和现代互联网的系统，主要面向可再生能源，基于标准接口的开放式系统，对于除了电力以外的各种用电设备（包括智能家电、电动车、分布式能源）开放，信息和能源可以基于现代互联网进行共享。智能电网是能源互联网的雏形，能源互联网的初级阶段。但同时能源互联网的发展会使得智能电网向开放式发展。

能源互联网是能源和信息技术的融合，将从根本上改变能源的生产和利用方式，从而形成能源供应向分散生产和网络共享的方式转变的大趋势。未来能源互联网的实践必将依靠分布式发电和智能微网，电动汽车 ETG、输配电、配售电分离侧，智能设备，大数据云平台，电力交易市场等发展来提高能源利用效率，降低能源系统风险。

能源互联网将打破原先相对独立的不同类型能源的界限，在先进信息技术的基础上形成以电力系统为核心、多种类型能源网络和多种形式交通运输网络高度整合的新型能源供给利用体系。在横向上，它能够实现不同类型能源相互补充；在纵向上，它能够实现能源开发、生产、运输、存储和消费全过程的"源—网—荷—储"协调。

二、平台经济助力数字经济转型升级

（一）平台经济概述

1. 平台经济的特征与分类

平台经济是一种技术驱动的新的经济形态，其核心是由多方参与形成的生态系统。这一经济形态的参与者主要有三类：平台的拥有者与运营者（有些场景下两者可能不一致）、供给端平台使用者（如产品与服务提供商等）和需求端平台使用者（消费者、用户等）。平台经济模式下，供给端平台使用者和需求端平台使用者借助平台实现互动与交易，共同完成价值创造流程。平台通过以下维度赋能价值创造流程：价值主张、价格的撮合、交易双方的保护、互动的个性化及合作伙伴关系的形成。

企业融入平台经济，将通过在全新的平台生态系统中创造价值，重新定义未来的发展。平台经济的核心价值来源于以下三大原则。

第一，网络效应/双边市场。当两大用户群体（通常指生产者和消费者）相互产生了网络价值时，便会形成网络效应和双边市场，而这种互惠互利则能推动供需双方的规模经济。在越来越多互联用户和交易的支持下，平台的网络效应将进一步扩大，价值进一步提升。

第二，幂率—马太效应与长尾分布。一方面，平台带来的低成本互动与交易，将打破地域等限制，极度放大强势使用者的优势，形成垄断，即所谓头部的马太效应；同时，平台经济的规模效应，能够支持企业在分布曲线的"长尾"中盈利，避免利润在传统（线性）价值链中不断缩水。

第三，非对称性增长与竞争。通过互补服务来推动核心市场的需求，这些服务往往以补贴（或免费）的方式向用户提供，并且跨越了行业边界。当两家企业以截然不同的方式和资源来争夺市场机遇，就会出现非对称性竞争。平台商业模式下，非对称性增长与竞争将成为常态。

数字化平台放大网络的乘数效应拥抱平台经济，将成为助力企业高速发展的重要途径。借助数字化平台，企业将以低成本接触空前广泛的用户与合作伙伴，并与之高效互动，通过交易与协同将网络的乘数效应充分发挥。

平台模式下，企业将以平台运营为基础，创造多方位的网络倍增效应，帮助特定市场中的众多利益相关方实现价值。随着平台的不断普及，参与者与更多利益相关方均可从中获益。

2. 数字技术成为推动平台经济发展与推广的核心动力

平台经济，尤其是数字化平台的发展，离不开数字技术的驱动作用。

（1）移动数据通信服务的发展，使得平台的连接功能更加强大、便捷，能随时随地连接到更多的参与方。

（2）物联网的发展，让平台所连接对象的范围空前扩展，将实体的物理世界融入虚拟的数字世界中。

（3）数据分析技术及近来蓬勃发展的人工智能，使平台运营更加智能化、效率更高、用户体验更佳，并能通过数据变现等缔造出新的商业模式。

（4）云计算架构和一切及即服务（As a service）的模式让平台更易于部署，使用成本更透明、低廉。

（5）应用编程接口（API）和开源软件的发展与推广，使平台功能的扩展更为简便，效率更高。

3. 平台经济发展迅猛

（1）数字化平台催生众多数字企业巨头，获得资本市场青睐

过去十多年来，互联网和高科技平台巨头快速崛起。其迅速扩张的用户规模，不断优化的用户体验和创新的盈利模式，令人眼花缭乱的技术产品创新和丰厚的财务回报，使平台巨头们成为资本市场的宠儿和职场的明星雇主。平台型企业在商业上的巨大成功，也给平台经济戴上了闪亮的光环，吸引了传统行业的广泛关注。有关传统行业如何借助平台运营模式提升运营水平，推动增长的讨论不绝于耳。

信息化与数字化时代，平台经济最先发轫于信息技术行业。数字化平台模式之所以首先成就于高科技行业，原因有二：首先，沉浸于数字技术的高科技企业，对于平台经济在价值创造方面的放大作用先知先觉，如由于互联网自身特性带来的更强烈的网络效应，数据驱动的智能化撮合带来的效率与效果的大幅提升，以及利用相关技术搭建并运营平台的能力；其次，相关行业技术发展迅速，产品生命周期不断压缩，厂商在最短时间内占领市场，实现投入产出最大化的动机十分强烈，因而愿意尝试新的商业模式，成为商业模式创新的早期实践者。迄今为止，高科技行业创造了很多基于数字平台的新的商业模式：开源软件、众包众筹、基于API的开发者经济，等等。

今天，发端于高科技行业的平台经济的价值，被越来越多的行业所认知并重视，其借助平台经济迅速成长的事例，以及资本市场对于这一模式的认可，使传统行业高管面临越来越多"为什么不"的质疑。平台型企业和非平台型企业在估值方面的差距明显。一方面，数字化平台企业相对传统行业的链状价值创造模式企业有明显的估值优势；另一方面，一些率先向平台经济转型的传统行业企业，也获得了资本市场更好的认可，企业估值超越同行。此外，互联网巨头通过对传统行业的渗透，给传统行业企业带来了竞争压力，也让他们需要重新思考在未来的产业价值链中自身的定位。

目前已有不少传统行业领先企业试水平台经济，传统企业对于平台经济价值的认识也在不断加深，并开始付诸实践，在汽车、生活服务、消费电子、金融、能源等行业已经有不少公司开始尝试平台模式。

(2) 物联网催生产业平台

物联网打破传统行业疆界，推动商业模式进化，移动互联网和物联网的快速发展与普及，促进了数字世界和物理世界的融合，使数字平台所连接对象的数量与种类空前扩展，平台经济的网络效应迅速放大，是平台模式从高科技行业向以产品制造业为代表的传统产业延展的重要催化剂。其中，基于物联网的产业平台是平台经济推动传统行业转型创新的重要模式。

产业平台是指处于同一产业价值链不同环节的企业，借助数字化平台实现信息与资源共享、运营协同及达成交易的新模式。借助于物联网的发展与推广，业务合作伙伴能利用各种应用程序或设备进行交互；通过技术平台，价值链中的所有业者均能成为数字平台系统的组成部分。

相关研究，物联网产业平台未来的发展将经历四个截然不同的阶段。第一和第二阶段代表了当前的机遇，从运营效率着手，推动短期价值实现。目前这些活动正在有序推进。第三和第阶段包括长期的结构性变化，会稍后发生。调查结果也印证了这一观点，即短期内物联网产业平台会产生营收与利润增长等数量影响，但长远看则将推动行业生态与格局发生质的变化。并且，这些颠覆性影响将在第三和第四阶段以成果经济和人机协作的形式呈现。

随着产业物联网逐步深入渗透至各行各业，它最终将产生拉动式经济效应——实时感知需求、高度自动化运行、灵活生产制造，并且完善各自网络。这一发展需要企业广泛应用自动化技术，并在特定场景下实现对人工的替代。因此，未来员工队伍的面貌将发生巨大变化，而且在高度自动化经济中取得成功所需的技能组合也会发生显著改变。

4. 平台经济的发展趋势

平台经济诞生至今已有时日，随着作为驱动因素的数字技术的不断发展，平台经济的内涵也不断演进，呈现诸多新的发展趋势。

（1）多样化

平台经济的不断发展，使平台类型越来越丰富，平台的撮合交易、促进互动和资源共享的基本功能不断产生新的实现方式和组合方式：从聚焦营销环节的电商平台，到以创新模式供应生产要素，如资本、技能系统中参与者的种类也将越来越多样化。以电商平台为例，从最初的连接买卖双方撮合交易，到今天的包括网店代运营、数据分析服务，乃至相关的咨询与培训提供商等种类繁多的增值服务提供者。多样化的平台参与者将令平台的功能更加强大，也将不断提升平台的抗御风险的能力，使之成为平台成员持续运营的重要依托。

基于物联网的产业平台的发展，是平台多样化趋势的重要动力。不同行业迥异的行业属性与特征成为产业平台多样化的基础。

（2）智能化

数字化时代，基于数据分析的数字化运营成为确保平台系统竞争力与生命力的重要保障。一方面，数据分析产生的洞察，将使互动撮合与资源共享的平台基本功能更智能化地实现，提升用户体验，提高平台系统的价值创造效率；另一方面，大量发生在平台之上的互动与交易，将积累大量数据。这些数据经过分析整理之后，将为第三方带来巨大价值，因而诞生了数据变现的商业模式，为相关各方带来新的营收来源。

（3）集群化

平台经济不断进化的方向之一是集群化，即不同平台间的连接，实现端到端的价值创造。以 B2C 电商平台为例，从最初解决信息不对称为目的交易撮合，逐步发展到涵盖价值创造不同环节的支付、物流、广告等，每一个环节都自成平台，同时多个平台之间的数据实现流动与分享，构成面向同一目标用户群的端到端的平台集群，使整个客户价值创造流程平台化。今天，平台集群化的趋势在 B2C 领域迅速发展，而未来在 R2B 领域，基于物联网技术，以数据分析为核心实现智能化运营的工业领域的平台集群也将获得发展，沿着行业价值链不断延伸。

(二) 平台经济催生新动能，助力转型升级

1. 外部环境变化提高转型升级紧迫性

(1) 宏观环境挑战增多，旧有增长模式难以为继

在基础设施投资与出口双轮驱动之下，中国经济实现了长达数十年的高速增长。然而今天，无论是不断下降的 GDP 增速，还是关于经济形势的论断，都指向一个事实——旧有增长模式已经走到尽头。传统经济增长模式的失速，以及多年来不均衡发展积累的矛盾的爆发，使得企业的增长与盈利面临重重挑战。

第一，生产要素价格的不断上涨，推高了企业的运营成本，威胁国内企业在全球市场上的竞争力；人口的老龄化带来后续劳动力供应的不足，致使劳动力成本上升；而多年来依靠海量货币投入推动增长的模式，造成资产价格，尤其是土地价格猛涨。

第二，需求端的疲软，不仅直接造成增长乏力，更削弱企业的盈利能力。全球金融动荡冲击了全球贸易，加之全球化进程中利益分配问题引发的逆全球化的风潮，使中国出口增速大幅下滑乃至负增长；作为另一增长驱动力的基础设施投资，常年的巨额投入致使边际回报不断下降，而作为投资主体的地方政府债务飙升，其持续投入的能力受到质疑；与此同时，作为增长支柱与稳定器的消费，尽管仍旧保持增长，但其增速不足以抵偿出口与投资疲弱的影响。

(2) 行业内的产能过剩与过度竞争

中国多年来以投资带动增长的发展模式，以及一些特定行业有限的开放度，使多数不存在准入门槛的行业存在不同程度的产能过剩。无论是玻璃、水泥与电解铝等基础材料，还是汽车、造船与家用电器等消费品和资本货物，乃至太阳能电池板和风力发电机等新能源装备，过剩产能的存在使业内企业面对上游供应商和下游客户时议价能力缺失，盈利能力承压。而闲置产能所产生的利息与折旧等费用，进一步抬高了企业的运营成本。同时，地方政府出于就业与维稳等目的的保护，使过剩产能的退出渠道不畅，过度竞争将整个行业带向低盈利甚至亏损。

(3) 跨行业颠覆者的威胁

以 BAT 等为代表的数字经济巨头对于传统行业的渗透与颠覆不断加速，从零售与金融到消费服务，再到医疗与公共服务。凭借对于数字化运营模式的熟谙、雄厚的资本及人才方面的优势，他们改写游戏规则，颠覆传统行业既有模式，使传统行业企业数字化转型的紧迫性不断上升。

平台模式带来的产品服务化及随之而来的共享经济的崛起，对于传统行业通过产品销

售创造营收与利润的商业模式带来巨大挑战。产品服务化和共享经济为用户带来的支出节省与资产利用率的提升，从另一个角度即是对于产品总需求的抑制，这将使本已饱尝需求不足之冷的企业雪上加霜。另外，共享经济赖以实现的数字化共享平台的运营者掌握大量用户数据，使产品提供商与最终消费者脱媒，逐步沦为平台运营商的加工车间。

2. 平台经济推进中国企业增长、提效与创新，跨越 S 曲线

第一，深度互动强化客户联系，拓展新市场，实现差异化。平台商业模式下，企业将更直接地与客户和合作伙伴互动，推进产品和服务的差异化，加速创新，突破恶性竞争的红海。其所带来的与客户和合作伙伴间的直接和智能化的互动，一方面将使企业强化对于客户的需求、偏好、消费场景与购买行为的洞察，使得产品和服务的个性化与定制化成为可能；同时便于将客户引入到产品与服务研发的过程中，实现 C2B 模式的创新，获取差异化和创新产品的溢价，提高客户忠诚度，提升客户转换成本，加深加宽自身的护城河。而与合作伙伴更加高效、直接和频繁的互动，便于双方或多方的创新活动的整合，实现协同创新，提高创新效率，分担创新风险。研发平台与客户互动平台等的数字化连接，将大幅加速研发进程，降低研发失败率，缩短创新产品与服务的面世时间。

第二，资源共享降低成本，协同提升运营效率。平台经济带来的资源共享，将提升各项资源的利用率，节省资源获取成本。这里的资源既包括 ICT 基础设施、仓储物流基础设施等有形的资源，也包括人才与技能、客户关系和供应商资源等无形的资源与能力。其中，互联网企业推进开发者在资源与工具方面共享的成功经验值得借鉴：移动平台之上包括 API 在内的 SDK 的开发与共享，为开发者节约了大量的开发时间，提供了便利的数据获取渠道。不仅创造出"开发者经济"的新的商业模式，也使之成为移动应用开发平台吸引开发者的核心竞争力之一。未来，随着消费者洞察的不断深化和设备自身智能化水平的不断提高，人工智能驱动的自动化与自主运营，以及运营流程的自我完善与优化，将带来运营效率提升的飞跃。

第三，降低跨国运营门槛，加速全球化运营进程。国内经济增长放缓带来的市场增速的下降和随之而来的竞争的白热化，使越来越多的中国企业把开拓海外市场并实现跨国经营作为保持增长动力、实现转型升级的重要路径。平台化运营在促进企业运营全球化方面将发挥重要作用。一方面，电商等前端流程的数字平台本身所具备的跨国属性，将降低拓展海外市场的门槛——无论是借助于 eBay、亚马逊这样的第三方电商平台，还是自建电商网站，都是快速低成本拓展海外市场的渠道；另一方面，内部流程的平台化运营，将使不同地区的分支机构能够方便实现资源共享，提高运营效率降低成本。

3. 平台经济推动组织转型

（1）众包众筹打破企业边界，塑造敏捷型企业。根据科斯的交易成本经济学观点，企

业的边界取决于市场交易成本（外部）与企业组织内部协调成本（内部）的比较。对于特定的运营活动，当外部市场交易成本低于组织内部的协调成本时，委外就成为理性选择，企业的边界向内收缩。数字化平台，尤其是众包众筹平台模式的兴起，带来生产要素交易成本的大幅下降，使企业将更多的运营环节委外成为可能。随着越来越多的运营流程通过众包模式委外，企业将更加聚焦于核心的运营环节，组织结构更加精简，应对外部运营环境变化的敏捷性大幅提高。

（2）平台经济推进组织扁平化，迅速感知颠覆并做出反应。平台模式在企业内部的应用，形成平台运营模式，使企业组织结构扁平化的进程大大加速：数字化平台所提供的海量节点同时互动、沟通与协作的能力，使单一节点能够管控与协作的节点数量大幅增加，传统企业依靠多层级来管理大规模运营的组织结构不再必要。扁平化的组织将对市场与客户需求的变化更加敏感，并能够以更迅速的决策做出回应，成为敏捷企业的重要领域。

（3）平台型企业所具备的扁平化和高度敏捷的特征，使其能够对外界环境变化保持敏感，并提升其抗御风险、应对颠覆性竞争的能力。平台模式所赋予的与客户和合作伙伴的直接互动，将使企业对客户或合作伙伴需求的变化更加敏感，从而更快地做出反应；数字化平台对于其上所聚集的大量的合作伙伴与用户的实时洞察，也使得企业更及时地发现颠覆性创新的萌芽；借助平台模式实现的自身资源与能力的变现，降低了企业对产品产销营收的依赖，使之面对行业或产品生命周期的变化，获得充分的缓冲空间，自如应对。

（4）打造行业生态圈，强化上下游互动，协同应对颠覆挑战。不同于传统的以上下游流程定义的价值链，以平台经济为核心的生态系统以服务同一外部客户群为目标，借助相互之间的连接形成多样的竞合关系；平台型生态系统由生态系统核心平台和大量的生态系统参与者构成，服务于共同的用户群。参与者基于平台实现互联互通及资源共享与赋能，完成协同的价值创造，并在平台的主导下实现价值分享。数字化平台为核心的行业生态系统，将为参与各方在应对颠覆性变化时带来更强的资源与能力支持。通过与行业生态系统中各方的协同，企业将借助合作伙伴的优势，洞悉用户需求与竞争态势变化，提供创新的产品与服务。

4. 平台经济商业模式创新

（1）从产品销售到通过平台的服务提供

企业迈向平台经济，实质是要打造一个多方参与的价值创造网络，共同来满足客户的需求。其与传统商业模式最大的不同，在于在客户价值创造过程中自身角色的转换：扮演的角色将不仅是一个生产者或者交付者，而是成为整个价值创造流程的组织者与协调者，其竞争力不仅依赖于自身的能力和对上下游资源的掌控，而是支撑平台为中心的价值创造网络的高效和繁荣。

（2）平台建设与运营，强化行业生态系统核心地位

企业拥抱平台经济，建设与运营行业数字化平台，将提升企业在行业内价值创造流程中的地位与控制力。随着越来越多业务活动向平台迁移，以及平台之上共聚集的合作伙伴的不断增加，基于平台的包括核心的客户数据在内的数据资产的不断增长，企业对于作为数字经济时代核心资源的数据的掌握与控制将不断强化。随着数字化产业平台的不断发展，所带来的价值创造与分享的机会将吸引新成员的加入，而平台成员规模的扩大会衍生出更多的商业机会，从而实现平台基于正反馈的良性发展，不断壮大。

（3）数据变现等创造新的营收与利润来源

随着企业运营数字化的不断深入，海量而且不断增长的数据，将成为企业重要的资产。平台商业模式下的数据资产变现，将是企业利用数据资产创造价值，贡献于企业的营收与利润增长的重要途径，其具体形式包括以下三个方面。

①企业作为数据提供商直接出售数据

出售数据既包括基础数据，也包括聚合以后的标签数据。实际应用中，对于向外提供数据，尤其是用户数据，考虑到保护用户隐私的需要，提供经过聚合后和匿名化处理之后的数据更为可行。

②企业作为应用提供商向客户提供数据分析相关的应用

所提供的服务，既可以是基于自身设施和经验的数据存储、管理和整合等服务，也可以是帮助客户分析相关数据并产生洞察的互动型数据分析工具及服务，甚至是在精准营销方面提供基于实时数据分析等的交易服务。API正成为应用越来越普遍的服务提供模式与渠道。与直接出售数据相比，这一模式在提高服务的增加值并拓展盈利空间的同时，还将降低泄露用户隐私等方面的风险。

③企业以数据平台提供商和数据聚合者的身份实现价值创造

这一模式下，企业将不再局限于依据自身数据资源提供服务，而是将数据分析业务所涉及的不同参与者（数据提供者、分析服务提供商、客户等）聚集于自身打造的平台之上，使之通过协作和交易等方式完成数据资产的价值实现，并为提供上述服务收取费用，如数据交换/交易市场，以及洞察生成的平台（分析即服务等模式）等。

（三）平台经济提升全要素生产力，推动中国经济转型升级

平台经济的发展与推广，将促进各生产要素的供应改善，提高其使用效率，提升中国经济增长质量，推动经济发展模式转型升级。

众包作为平台经济的重要表现形式，将使人力资本投入价值创造的门槛更低，边际成本更低，价值增长机会更多。无论是应用开发和平面设计等知识密集型经济活动，还是物

流和出行等劳动密集型活动,都将受益于众包模式下的信息透明与供需匹配;众筹平台的兴起,则成为传统融资渠道之外最具活力的融资模式,优化资本配置,使创新等经济活动的资本来源大幅改善,融资门槛与成本降低;平台模式下的无缝沟通与协同,提升技术创新的效率,改善资源供应,提升创新水平。

(四) 优化平台发展环境,促进平台经济健康成长

平台经济的发展与推广,在助力企业转型和掘金数据经济的同时,也成为中国产业升级和经济转型、建设数字中国的重要动力。相关各方的共同努力,营造有利于这一创新商业模式发展的环境,促进其健康快速发展,已成各方共识。

1. 平台经济环境指数

埃森哲基于在平台经济领域多年的研究和实践,建立了五个维度的平台经济环境指数,旨在对全球各国平台经济的发展环境进行可量化的比较,分析发展趋势,明晰地区差异,探寻并分享最佳实践。平台经济环境指数体系的五个维度如下:

(1) 数字技术与服务用户

数字化用户的规模对于平台经济的重要性不言而喻。首先,作为平台经济核心的网络效应/双边市场效应决定,用户规模的扩张,将带来价值创造机会的指数级增长。其次,平台商业模式轻资产运营,固定成本较低,营收和利润对于规模的弹性巨大,规模增长带来的收益可观。而用户的数字化应用水平,将决定单个用户在平台商业模式下产生价值的潜力。

(2) 基础设施与服务水平

相关数字技术的发展水平,以及充足的基础设施等资产供给,是平台经济发展所依托的外部条件的重要构成。基础设施的供给水平有两个主要的衡量标准,即连接的数量与质量,包括物联网乃至工业物联网的发展水平与普及程度;以云计算等为代表的数据分析与处理潜力,包括潜在的计算与数据存储能力与资源等。

(3) 政策法规

数字经济的高速发展及平台经济的迅速推广,需要相关政府与监管部门积极且包容性的政策法规制定与监管实施。一方面,在信息安全、消费者隐私保护等方面订立规范,确保创新与发展的基础;另一方面,与平台建设与运营者等各方合作,制定有利于竞争与创新的游戏规则,推动新模式的发展,实现其社会与经济价值最大化。

(4) 数字平台相关的创业环境

平台经济作为创新的运营模式,其发展与推广需要充足的创新人才保障:既包括大量的高质量技术与管理人才,如信息化科技与工程人才,也包括愿意承担风险获取回报,且

具备创业相关技能的创业者。数字化平台经济的发展与推广，需要政府相关部门将相关人才的培养作为教育体系发展的优先领域；而平台的实践者则应当选择相关人才富集的区域开展业务活动，提高成功率与投资回报。

(5) 开放创新文化

数字化平台作为创新的商业与运营模式，其发展与推广有赖于鼓励创新、宽容试错的文化氛围。以此为基础，平台经济的实践者需要以开放的心态与各方展开合作，推动平台经济的成熟与落地；政府相关部门将在建设创新孵化与聚集区、汇集相关各方和完善平台生态系统等领域发挥重要作用；作为潜在平台经济主导者的行业领袖，则应通过开放相关资源和完善治理结构等推动新模式的发展。

2. 中国优化平台经济发展环境建议

(1) 强化基础设施与用户规模等"硬环境"优势

中国消费者和企业对数字技术的全面拥抱，在很大程度上得益于中国高速发展的数字化基础设施。随着移动互联网和以此为基础的智慧城市和无线城市建设的逐步展开，中国的互联网普及率连年升高。

中国的数字消费者对新技术、新产品和新体验的期望不断提升，催生了一个高度开放、充分竞争的数字消费市场，这为企业的产品创新、服务创新和商业模式创新提供了巨大压力和动力。基础设施与数字化用户规模的优势，使中国成为数字化平台型企业诞生与发展的沃土。

未来中国在ICT基础设施和用户规模等"硬环境"方面，应当更聚焦于中小城市与农村，在加大投入升级这些地区的基础设施的同时，通过教育与培训（如远程教育）提高这些地区人口的数字化知识水平与应用能力。

(2) 培育开放创新文化，完善配套法规

中国基础设施与用户规模优势显著，如能加强创新文化的建设并完善相关配套法规，则将在全球数字化和平台化浪潮中赢得更大先机。相关部门应着力改善平台经济运行的"软环境"，加强用户权益保障与风险控制，并加速相关举措的落地，鼓励新技术与新模式实验与推广。借此将释放平台发展动能，降低商业模式与技术的创新的成本与门槛，最大化平台经济的发展红利。他山之石，可以攻玉，这方面海外的部分实践可供参考借鉴，如英国金融管制部门的"管制沙箱"，允许经过挑选的初创企业试验现行管理系统内无法实验的创意，而管理部门通过对于实验的监督，确保消费者和其他方面的权益得到充分保护。

第五章 数字经济与金融

第一节 数字金融的概念

数字金融,是金融与科技相互融合和进化的产物。经过十几年的迅猛发展,全球数字金融生态系统已经初具雏形。目前,数字金融涉及了全球信、贷、汇、存、投等几乎所有领域的金融业务,成为金融体系中不可或缺的组成部分,代表了未来金融业的发展方向。

数字技术的应用给我国金融业的发展既带来了机遇,又带来了挑战。数字金融降低了征信成本,提高了反欺诈的准确度,促进了金融产品的个性化发展,提升了金融机构的运营管理水平,推动了金融模式的创新,由此而来的数字货币、区块链技术等大大提高了金融活动的效率,促进了金融的普惠性。同时,数字货币在银行体系外运转挑战了传统货币政策有效性,数字金融风险传导既快又广的特点挑战了传统金融监管模式,风险防控成了数字金融发展过程中非常重要的一环。

一、数字金融的概念及内容

现实中,数字金融泛指传统金融机构与互联网公司利用数字技术实现融资、支付、投资和其他新型金融业务模式。这个概念与"互联网金融"(传统金融机构与互联网企业利用互联网技术和信息通信技术实现资金融通、支付、投资和信息中介服务的新型金融业务模式)以及"金融科技"(通过技术手段推动金融创新,形成对金融市场、机构及金融服务产生重大影响的商业模式、技术应用、业务流程和创新产品)相似。通常,互联网金融更多地被看作互联网公司从事金融业务,而金融科技则更突出技术特性。相较而言,数字金融的概念更加中性,所涵盖的范围也更广泛一些。

数字金融系统的发展具有自身独特的路径、特征及规律性。对数字金融的研究有助于进一步激发全球金融生态系统的活力,推动金融行业的业态升级。金融科技的发展有七个趋势性驱动因素:人工智能、大数据处理、核心系统替换、分布式分类账技术、电子支付、包容性金融、金融科技治理。

二、数字金融的理论基础

(一) 金融排斥理论

金融排斥（Financial Exclusion）理论主要是指金融生活中部分弱势群体如农民、城镇低收入人群和盈利能力相对不稳定且现金流较少的中小微企业被金融机构边缘化，金融机构难以或者不愿为其提供合理的金融服务的现象。在金融排斥现象中，主要包括两种情况：一是受排斥的群体在向金融机构获取金融服务时因地理、价格、条件等众多原因导致成本过高；二是受排斥群体根本无法获得金融服务。

从金融机构的角度探究金融排斥现象产生的原因可以发现，由于受排斥群体人员分散，所需要的金融服务量度较小，金融机构为其提供金融服务的边际成本较高，而收益极低，不符合金融机构经营的盈利性原则，同时金融机构受逆向选择和道德风险的约束影响，总体不愿为受排斥群体提供金融服务，动力不足。

从受排斥群体的角度探究金融排斥现象产生的原因在于，受排斥群体整体财富值相对较低，他们的资产、盈利能力等未能达到金融机构的服务门槛，可以为金融机构带来的收益也远远低于其他群体，因此受到金融排斥。

金融排斥问题与普惠金融的目标原则相悖，金融排斥问题的存在为普惠金融的出现和发展提供了必要性和现实基础。

(二) 长尾理论

长尾理论是对传统"二八定律"的突破。

"二八定律"是20%的人口享有80%的财富。应用到商品经济中，特别是奢侈品市场中，企业80%的利润是由20%的优质客户提供的，所以传统的商业计划中会更加注重和挖掘这20%的优质客户，而对剩余只能提供20%利润的80%客户关注较少。

长尾理论中的销量和利润并不能完全等同，因为传统模式下，每一种商品种类的增加都需要一定的成本，当销量低到某个程度就会产生亏损。但如果在当前互联网销售渠道下，技术发达，覆盖范围广，成本就会大幅降低，使挖掘蓝色部分的销量和利润成为可能。

在传统的金融市场中，蓝色部分代表普通居民、农民、城镇低收入者、中小微企业等受到金融排斥的对象，这些客户组成了一个巨大的长尾市场。由于传统金融机构在开发这部分用户时，需要付出大量的成本，如投入网点建设、安排大量员工进行服务等，来自长尾市场的收益难以覆盖金融机构人力、物力的成本支出。但是当前信息技术迅速发展，数字金融利用数字技术，通过线上推广的方式降低了长尾客户的获客成本和推广费用，这就使长尾理论的应用具备了技术条件，将金融的长尾市场成为重要利润来源。

同时，我国经济发展迅速，普通居民收入增加，可支配资金增多。在副业意识增强的今天，居民的消费意识和理财需求不断增加，导致我国金融市场的长尾客户不断增加，数字金融利用数字技术使长尾理论的应用成为可能。

（三）信息不对称理论

在传统金融市场中，各个行业分业经营与管理，追求专业化，证券、保险、银行等主要金融机构之间的联系相对较弱，交易双方信息不对等。在这种情况下，掌握信息较多的一方更容易在金融业务中获取更高的利益，比如在股票交易中，对企业财务、战略等信息具有更多了解的投资者更能及时调整投资策略进而避免风险和获取高额收益，而普通股民因了解到的信息不够全面、及时而更容易承担风险，在股票交易中遭受损失。

金融市场中的信息不对称问题容易带来道德风险和逆向选择。商业银行的贷款业务中，部分农村居民的信用记录难以获取，所以即便这部分居民的信用良好，银行也会为了降低违约风险而"宁错杀不放过"，拒绝为这部分居民提供贷款服务，金融的可得性因此受到影响。充分利用数字技术，可以从更多的角度和业务记录中获取客户的数据和信用记录，通过大数据进行统计和分析，为更多的客户进行资质审查，识别优质客户，扩大金融服务范围，同时也能更好地降低业务风险，提高盈利水平。同时，对于客户来说，随着互联网信息的增加，客户可以通过互联网进行相关金融机构和平台的业务获取，了解金融机构业务数据、方针政策、经营状况和牌照、资质等信息，提高客户在金融领域的信息可得性，降低客户的投资风险。

（四）金融风险管理理论

金融风险管理理论最早出现在20世纪30年代，是在美国金融危机爆发的阴影下应运而生。风险管理理论主要分为内部风险管理和外部风险管理两方面。内部风险管理主要是金融机构针对自身经营战略、财务状况、内控制度等方面进行风险管理。外部风险管理的主体主要涉及金融监管部门、行业自律组织、评级机构等。这些主体对金融机构交易活动产生的金融风险进行管理和应对。

数字金融领域机构众多，业务总量大，一旦风险成真，会造成行业内甚至整个经济体系的动荡，产生巨大损失。因此进行金融风险管理非常有必要。金融风险管理主要包括三个环节：风险识别、风险评估和对金融风险的防控和处置。

第二节 数字金融的影响

一、数字金融对传统金融业态和市场运行机制的影响

（一）数字金融对传统金融业态和市场运行机制提供的支持

金融是高数据密集型行业，因而金融机构一直是信息技术最积极的应用者。云计算、大数据、人工智能、物联网、区块链等现代信息技术逐渐应用在金融生态系统的各个方面。数字金融对传统金融行业的影响主要体现在金融科技改变了传统支付渠道，掌握了支付入口，屏蔽了传统银行与消费者之间的直接关联，使传统银行退居支付渠道的后端，从而使金融科技企业既掌握了大量消费者的交易习惯和消费数据，又沉淀了大量的小额闲散资金。基于数据优势和资金优势，金融科技企业利用算法能够给用户提供低成本、易操作、个性化和理性化的网络借贷、财富管理和保险等金融服务，形成汇、贷、存的金融生态闭环。

大数据、云计算、人工智能、区块链等数字技术对传统金融企业的经营效率、风险控制、商业模式等具有深远影响。大数据具有量大、高速、多样等特点，通过客户画像描绘银行个人客户的消费能力、风险偏好和企业客户的生产、流通、运营、财务、销售、相关产业链上下游活动等特征，拓宽银行对客户的了解。基于客户画像，银行可以有效开展精准营销，更大概率引流成功，同时银行可根据海量信息结合大数据挖掘方法进行贷款风险分析，量化企业的信用额度。云计算可以实现海量数据云端存储，使大数据在金融市场的应用更加高效便捷。人工智能可以采用机器人、图像识别等技术轻松从大数据中抓取所需要的信息，进行客户识别、信用分析等操作，同时提供智能客服，快速解决用户问题，大大提升使用体验，增强客户黏性。区块链开放性的特征可以连接交易各方，使得交易流程向参与者公开，减少传统金融业务中信息不对称的风险。同时，区块链去信任化和去中心化的特点使得数据不可被篡改，这就提升了交易安全性，降低了有关的交易成本，具备颠覆传统银行支付、清算、融资、证券、贷款等各项业务的潜力。随着各种数字技术的普及，券商逐渐将外包出去的金融科技业务内化到公司自身去完成。

数字金融的运用如此广泛固然令人欣喜，但对传统金融是一种补充还是强有力的打压或替代却易引发担忧，由此引发的对金融稳定性的冲击及随之而来的风险也是需要密切关

注的问题。

(二) 数字金融下的"开放银行"和货币政策

综合来看，数字金融的发展的确对传统金融业态产生了冲击，但传统金融机构并不是一成不变的，它们在这场浪潮中实现了自我革新和效率提升，逐渐向全新的合作与服务方式转型。后来，无论是国有大行、股份制银行还是民营银行，都纷纷推出"开放银行"战略，即商业银行开放 API（Application Programming Interface，应用程序接口）端口，连接各类在线平台服务商。银行通过与服务商合作，开展各种基于具体、特定消费场景的服务。开放银行是一种创新的商业模式和商业理念。在监管允许的范围内，商业银行经客户授权，通过 API 等技术与其他银行业金融机构、金融科技公司、垂直行业企业等合作伙伴共享信息和服务，实现银行服务与产品的即插即用，共同构建开放的泛银行生态系统。

事实证明，这种转型非常奏效，零售金融利润占比不断提升，非息收入来源增加，并且吸纳了大量的用户资源，成为银行业转型成功的基石。开放银行的进阶与商业银行数字化进程并行，正在成为商业银行全面拥抱金融科技的最佳路径。

但数字金融在增强金融服务、促进金融业转型升级的过程中也给货币政策的有效性带来了挑战。我国传统的货币政策关注的是货币供应量、银行贷款以及社会融资总额。而数字技术促进了由非金融支付机构提供的信用服务的发展，使大量资金在银行体系外运转，这使得各层次货币供应量之间的边界日益模糊，一方面加大了中央银行对于各层次货币供应量度量及调控的难度，潜在地削弱了数量型货币政策的有效性；另一方面，数字金融拓宽了金融市场中个人和企业的参与渠道，使企业和个人对利率的敏感度上升，有助于使价格型货币政策发挥重要作用。

二、数字金融助力普惠金融现状、机制和成功的商业模式

(一) 国际普惠金融发展现状、机制及成功的商业模式

数字金融有效解决了小微企业、创新型企业、供应链企业融资难、融资贵等问题，助力普惠金融，为服务实体经济、防控金融风险、深化金融供给侧结构性改革助力、赋能，其最大优势就是支持普惠金融的发展。数字技术为克服普惠金融的天然困难提出了一种可行解决方案。由电子商务和通信技术快速发展所推动的数字金融，可以降低传统金融对物理网点的依赖，具有更强的地理穿透性和低成本优势，为广大欠发达地区享受金融服务创造了条件，尤其是数字货币在增加金融服务覆盖面、降低服务成本等方面发挥了重要作

用，从而有助于优化金融资产配置，改善中小企业的融资状况，在促进金融稳定的同时实现整体盈利水平的提高。

普惠金融（Inclusive Finance）这一概念被提出，指以可负担的成本为有金融服务需求的社会各阶层和群体提供适当、有效的金融服务，其主要服务对象是小微企业、农民、城镇低收入人群等。金融包容性帮助那些没有银行账户和银行账户不足的人，在物理上、数字上和心理上与获得资金之间架起了桥梁。在当今的数字世界，实物现金正迅速成为传统社会习俗和遗留金融体系的残余，这些传统习俗和金融体系使无银行存款的人处于不利地位。通过将数字金融工具（如使用区块链技术的移动汇款）与心理工具（如金融教育）相结合，无银行账户的人可以获得金融服务并打破贫困循环。

全球无银行账户的成年人数量每年都在大规模下降。更令人欣喜的是，最大规模的普惠金融的发展正在世界最贫穷和最偏远的地区进行，包括撒哈拉以南的非洲。在某些情况下，新兴市场在数字金融创新方面超越了发达国家，形成了一些比较成功的商业模式案例，如肯尼亚的M-Pesa（移动钱包）、印度的EKO（埃科）和孟加拉国的bKash（b钱包）。

（二）国内普惠金融发展现状、机制及成功的商业模式

相比起世界进程，中国数字普惠金融的开始并不算晚，且发展迅速。自中国大力推动普惠金融发展，采取了诸如成立小额信贷公司、在金融机构成立"普惠金融业务部"及在农村进行"两权"抵押试点等举措。

普惠信贷重视消除金融排斥，实现社会公平。传统银行贷款将那些没有房屋车辆、不具备户口社保但却有真实金融需求的人群排除在外，形成了传统意义上的金融排斥。而数字技术的应用挖掘了社交、线上消费、支付等软数据的"变现价值"，有效降低了交易成本和信贷服务的门槛。但是，随着这种"互联网+"模式把线上用户的数据挖掘得越来越充分，新的金融排斥也随之产生。

面对普惠信贷发展过程中的问题与矛盾，聚合模式应运而生。所谓聚合模式，就是将普惠信贷中的环节拆分解构，形成获客、数据、风控、资金、增信等独立的业务"节点"，进而依托金融科技搭建统一平台，将在不同"节点"上各有所长的机构连接起来，形成有机生态体系的普惠信贷业务模式。在聚合模式下，诸多业务参与方在遵循自身经营资质要求和机构间合作规范的前提下，充分发挥各自在业务属性、服务网络、数据积累、科技研发、融资渠道等方面的差异化优势，以协同方式消除业务短板，产生规模经济效应，从而为普惠金融人群提供多元化、价格可承担、体验便捷的信贷解决方案。

与传统的普惠金融商业模式相比，数字金融带来的普惠金融商业模式的创新更适应目

标人群需求，主要体现在以下几个方面：在扩大金融服务覆盖面、增强金融服务可获得性方面，数字金融凭借互联网移动终端带来的客流量和基于区块链点对点的网络关系能够延长普惠金融服务半径，扩大服务的覆盖范围，打破了地理空间的限制，将金融服务触角延伸至偏远地区或低收入人群，提升了金融服务的可获得性；在降低交易成本、平衡商业利润和社会效益方面，数字金融利用大数据与云计算技术分析和处理互联网社交、消费、工作以及生活各方面数据，高效评价客户信用水平，依靠区块链技术还可以形成可跟踪、可追责的信用体系，从而缓解信息不对称，削减信息成本，降低获客成本；在简化业务流程、提升金融服务效率方面，数字金融可以整合海量数据，有效甄别用户信息，将风险显性化，在很大限度上简化了信用审核流程，并依托区块链技术，将所有信息实时自动记录并存储，有效缩短了金融后端业务流程。

数字技术与普惠金融相结合，在互联网平台建立诸如淘宝或微信的场景。连接上亿的移动终端，将金融与生活场景深度结合，提供无处不在的金融服务。同时依托云计算、大数据等金融科技技术通过对来自社交媒体和网购平台的数据进行分析，了解用户，甄别风险，并进行信用评估，在不见面的情况下降低获客与风控的成本，大大提高了普惠金融发展的可行性。尽管大部分居民没有征信记录，但人们日常使用微信、支付宝在缴纳水、电、燃气等生活费用，或进行购物用餐等支付功能时，均可以累积信用，提供征信记录。这些记录在数字金融平台（如蚂蚁借呗、微粒贷）上已被用于借贷审核。

第三节 数字金融的互联网信息化机构

一、金融互联网概述

（一）金融互联网和信息化金融机构的概念

1. 金融互联网

金融互联网主要是指金融机构（如银行、保险公司、证券公司等）运用计算机互联网和现代通信技术，通过将金融活动从线下向线上的转移，从而满足客户对金融服务高效便捷需求的金融发展模式。

金融互联网已成为当今互联网金融体系中不可或缺的重要组成部分。这一方面缘于越来越多的人习惯使用互联网，希望通过互联网来节省亲临金融机构办理金融业务的时间和距离成本；另一方面，互联网技术的快速发展也有助于金融机构降低交易成本，增强竞争力。

2. 信息化金融机构

信息化金融机构是指在互联网金融时代,通过广泛运用以互联网为代表的现代信息技术,对传统运营流程、服务产品进行改造或重构,实现经营管理全面信息化的银行、证券和保险等金融机构,如网络银行、网络证券、网络保险等。

信息化金融机构是金融互联网的具体体现,主要包括传统金融机构的电子化模式,基于互联网的创新型金融服务模式、金融电商模式等运作类型。

(二)金融互联网的表现形式

1. 传统金融机构的电子化模式

传统金融业务的电子化实质上也是金融电子化、信息化的过程,金融机构采用现代计算机通信技术,提高传统金融服务行业的工作效率,降低经营成本,实现金融业务处理自动化、业务管理信息化以及金融决策科学化,为客户提供快捷方便的服务,达到提升市场竞争力的目的。它是在传统的封闭的金融专用计算机网络系统的基础上,逐渐推广起来的行业管理由内而外的自动化与信息化。这也是金融互联网的基础表现形式。

相对于其他金融机构而言,银行业务的电子化模式相对丰富,按其表现形态可分为网上银行、手机银行、电话银行等。与此同时,保险、证券行业也都依托信息技术不同程度地实现了业务的网络化,如网络保险、网络证券等。传统业务的电子化使得金融机构处于一个对金融信息进行采集、传输、处理、显示与记录、管理与监督的综合性应用网络系统之中,它具体包括金融自动化服务系统、金融电子支付系统、金融信息管理系统、金融决策分析系统等。这些系统的协调运转对金融机构的运行提供了全方位的支持,从根本上改变了金融机构原有业务处理和管理体制,促进了资金周转速度的提高。我国金融机构体系经过三十多年的电子化、信息化发展,如今已逐步发展成为一个开放的、全天候的、多功能的现代化金融体系,不仅为客户提供了更多的让渡价值,也提供了更多的增值服务,极大地提升了客户满意度。

2. 基于互联网的创新型金融服务模式

近年来,金融机构依托大数据、云计算、移动互联等新技术加速实现转型,金融电子化的范围和影响日益扩大,基于互联网的创新型金融服务模式不断涌现。主要包括以直销银行和互联网银行为代表的创新型银行服务模式、以众安在线开创的互联网保险为代表的创新型保险服务模式、以天弘基金与支付宝联合推出的余额宝为代表的互联网基金模式等。

3. 金融电商模式

互联网经济时代，行业之间的边界约束力逐渐弱化，跨界行为越来越明显而广泛。在电商积极跨界金融领域的同时，金融机构也在充分利用互联网带来的机会，纷纷主动跨入电子商务领域，探索多元化盈利模式，谋求范围经济效益。当前的金融电商模式，按发起人划分主要包括银行系电商、证券系电商、保险系电商等；按设立方式划分，主要包括平台自建模式和平台合建模式两种；按经营对象划分，主要包括"B2C"（面向个人客户）和"B2B+B2C"（面向个人和企业客户）两种模式。

就设立方式而言，大型金融机构往往采取平台自建模式，而中小型金融机构则采用借力第三方合作搭建平台的方式。如银行系中建设银行的"善融商务"、交通银行的"交博汇"、农业银行的"E商管家"、中国银行的"中银易购"、工商银行的"融E购"等，五大行都是自建平台。但是中小金融机构由于品牌、流量等方面的限制，借助第三方平台既可节约成本又能较快聚集客户和流量资源，从而实现线上市场的快速拓展。即使如此，在面对跨境电商迅速发展中电商企业的金融服务需求方面，大型金融机构也多采用与第三方平台合作的模式推出跨境电商的配套金融服务，并将其作为自身互联网金融战略的组成部分。

金融机构跨界电商领域，其价值主要在于通过电商平台把商户、客户两端的资金流、物流、信息流整合，并提供支付、融资以及其他金融服务，要带动发挥的是其金融渗透效应，盲目跟风、单纯重复电商模式绝非上策。在电商的实践中，金融电商平台最大的难点在于提升其客户的黏性、体验度和活跃度，从而更精确地锁定客户源。这种难点的背后实际上是金融电商在信息流、物流方面的"短板"问题，未来发展需要找准自身定位，整合优势资源，塑造品牌影响力，在体制转变、市场细分、渠道合作等方面寻求突破。

（三）金融互联网的特点

1. 金融互联网下的信息化金融机构稳定性更强

金融与互联网的融合，在早期是金融机构利用信息技术产生的创新支持自身业务的开展，降低交易成本，而当新兴的互联网金融模式对传统金融机构产生挑战之后，金融机构更多是面对竞争压力被迫与互联网结合应对互联网金融的冲击。

从20世纪90年代至今，金融机构网络化建设和应用就一直在进行，首先是计算机网络化应用在金融机构的普及应用，实现业务办理的电子化、自动化。再到运用互联网技术实现网上银行、网上证券账户等的开设。金融机构将风险管理、业务规范化等合规意识与互联网技术结合开展业务，在这个过程中，金融机构更关注的是模式的稳定性，稳健创新仍是金融互联网在发展模式上的突出特点，也是其与非金融机构发起的互联网金融模式风格上的不同。

2. 金融互联网下的信息化金融机构资源整合能力更强

金融机构管理的资产一般是开展负债业务所得，具有高风险的特性。这就要求金融机构在开展业务时要获得更精确、更全面的数据，从而减少风险的发生。互联网与金融机构的结合能够做到大量数据的整合、开发、挖掘，从而了解客户的信息。运用互联网技术，搭建一个统一的 IT 架构，将机构内部各个系统在这个 IT 架构上管理、运行，实现资源的整合，机构内部信息的畅通、共享。

以银行为例，现代银行信贷业务的开展已经不仅仅局限于单个客户。它可能遍布于一个行业的整个产业链。在产业链中，涉及生产商、供应商、经销商等上下游企业，它们之间有着资源、资金、物流等相关环节的联系，一旦一些有资金需求却没有授信额度的上下游企业需要融资，核心企业在支付、物流上的数据和凭证进行抵押担保，金融机构在这个过程中利用互联网信息技术整合产业链中各个环节的信息，分析数据情况，如果分析的数据正常就可以为企业融资，解决了企业的融资需求，大大缩短了收款周期，缓解了资金困难情况，促进了整条产业链的协调发展。比如，中国工商银行通过网上银行、电话银行、手机银行、自助银行等渠道处理的业务量已占全部业务量的大多数。其自主研发的核心应用系统支撑了海内外庞大经营网络的平稳运行，搭建起了以数据仓库为核心的经营管理数据体系，实现了客户信息、账户信息、产品信息、交易信息、管理信息等的集中管理，形成了数据标准、数据质量、数据架构、元数据、数据生命周期、数据安全以及数据应用等全流程的数据信息管理机制。

3. 金融互联网下的信息化金融机构创新产品更加丰富

金融互联网提高了金融机构的产品创新能力，信息化金融机构利用互联网平台能够提供更多的金融产品和服务。人们的日常生活，无论是存取款、转账支付、证券开户、购买保险和各类理财产品，众多的服务足不出户，只用在电脑或手机上操作即可完成。手机银行、网上理财等大大节约了金融机构的人力成本，同时满足了客户方便快捷的要求。金融机构线上线下的业务结合，在互联网浪潮的背景下，也是面对互联网企业竞争，转变服务理念，以客户需求为导向，创新金融产品的一种做法。

二、网络银行

(一) 网络银行的定义和种类

1. 网络银行的定义

纵观过去半个多世纪以来的银行发展史，商业银行始终是新科技的忠实拥护者。银行不断扩展对信息技术的投入和运用，从最初的计算机辅助银行到电子银行、网上银行、移动银行……网络银行发展速度很快，其标准和模式始终处于更新变化之中，网络银行的界定也相对困难。根据巴塞尔银行监督委员会的定义，网络银行是指那些通过电子渠道提供零售与小额产品和服务（如存贷、账户管理、金融顾问、电子货币和电子支付等）的银行。而欧洲银行标准委员会则将网络银行定义为那些利用网络为通过计算机、网络电视、机顶盒及其他一些个人数字设备连接上网的个人消费者和企业提供服务的银行。显然，不同的界定对网络银行的内涵虽有共同之处，但往往在外延上有所不同，因而也导致在现实中，对网络银行（Internet Banking）有多种叫法，如网上银行、在线银行、电子银行、互联网银行等。

总体来讲，广义上的网络银行是指一种以互联网和信息技术为依托，通过互联网平台向用户提供账户管理、支付结算、信贷融资、投资理财等各种金融服务的新型银行服务形式，是为用户提供全方位、全天候、便捷、实时的快捷金融服务的银行系统。因此，网络银行又被称为"3A 银行"，它不受时间、空间限制，能够在任何时间（anytime）、任何地点（anywhere）以任何方式（anyway）为客户提供金融服务。网络银行被认为是设在互联网上的虚拟银行柜台，从其发展趋势来看，未来银行不再是一个地方，而是一种行为。

2. 网络银行的种类

（1）按照发展模式划分

综观世界各国网络银行的发展，大致有两种模式：一种是与传统银行相结合的网络银行发展模式；另一种是纯网络银行的发展模式。

与传统银行相结合的网络银行是指依托已有的银行网点通过互联网向客户提供金融服务，是目前网络银行存在的主要形式，是传统银行服务的补充和延伸。纯网络银行是狭义的网络银行，又被称为互联网银行，指仅仅通过网络为客户提供储蓄、查询、转账等银行服务的金融机构，此类银行最早出现在美国和欧洲。

（2）按照业务形态划分

随着网络通信技术以及银行金融体系服务的提升和完善，商业银行触网的方式多种多样。虽然网络银行的基础都是依托现代计算机网络通信技术，但提供金融服务的具体形态仍有所不同。从网络银行现实存在的业务形态来看，主要有网上银行、电话银行、手机银行、直销银行和互联网银行。除互联网银行外，前几种形态均是依托已有的线下银行机构开展的网络银行服务。具体区分如下：

①网上银行

这里的网上银行是指银行业金融机构利用互联网平台和计算机终端，通过建立独立的银行网站而面向社会公众开展业务的网络银行。网上银行业务主要包括信息服务（如产品业务介绍、利率汇率查询等）、互动交流（如客户档案更新、业务申请、账户查询等）、账户交易（如转账汇款、支付结算、代缴费用、信贷融资、投资理财等）三大类金融服务。对于客户而言，想要登录某家银行的网上银行，首先要持有效证件或规定的证明材料在该银行办理银行卡或开立账户以建立系统连接。为了提高安全性，当前各家银行多采取通过国家安全认证的标准数字证书体系。

②电话银行

电话银行是指银行业金融机构使用计算机电话集成技术，利用电话自助语音和人工服务方式，为用户提供账户信息查询、转账汇款、投资理财、缴费支付、外汇交易、异地漫游、信用卡服务、人工服务等一揽子金融业务的网络银行。电话银行将自动语音服务与人工接听服务结合在一起，客户通过电话按键操作，输入提前设置的相应密码，便可享受自助语音服务和人工服务。电话银行的开通也需要客户先在该银行开立银行卡或存折账户进行系统关联。

③手机银行

手机银行又称移动银行，是银行业金融机构利用移动通信网络及终端办理相关银行业务的一种网络银行形态，是网上银行业务的延伸。

与电话银行基于语音的服务不同，手机银行主要依托短信开展服务。手机银行是由手机、GSM 短信中心和银行系统构成。在手机银行的操作过程中，用户通过 SIM 卡上的菜单对银行发出指令后，SIM 卡根据用户指令生成规定格式的短信并加密，然后指示手机向 GSM 网络发出短信，GSM 短信系统收到短信后，按相应的应用或地址传给相应的银行系统，银行对短信进行预处理，再把指令转换成主机系统格式，银行主机处理用户的请求，并把结果返回给银行接口系统，接口系统将处理的结果转换成短信格式，短信中心将短信发给用户。与 WAP 网上银行相比，手机银行须同时经过 SIM 卡和账户双重密码确认之后方可操作，安全性较好。目前各家银行推出的手机银行功能在不断拓展，除了提供正常的金融服务以外，还逐渐推出了生活类缴费（水电煤气、宽带手机等缴费）、文化娱乐（影票、游戏、餐饮等服务）、商城商旅（如特惠特卖、飞机酒店等预订服务）等很多非金融类服务，收集不同产品种类，应用场景不断丰富，操作流程日益简便。

值得注意的是，近年来，随着手机微信的应用和迅速推广，"微信银行"遍地开花。商业银行在向移动互联网转型的过程中恰逢微信快速普及，微信银行也就成为银行服务客户的一种新方式。微信银行是指商业银行通过设立腾讯微信企业公共账号，为微信用户打造的专属移动金融和移动生活服务平台，既具有账户查询、理财超市、贷款、信用卡额度与账单查询、信用卡分期、信用卡还款、预约办卡和申请进度查询等丰富的移动金融功能，又创新推出了网点预约、精彩优惠、特惠商户、积分商城等便民实惠服务。微信银行的推出，不仅盘活了商业银行手机银行用户存量，提高了手机银行的利用率，而且为银行带来了更广泛的客户群体，更便利贴心的客户服务，有助于提高客户黏性，巩固客户的忠诚度，是银行业互联网户的突破口之一。但微信银行也面临着如何进一步提高安全性的挑战。

④直销银行（Direct Banking）

直销银行是互联网时代应运而生的一种新型银行形态，是互联网金融环境下的一种新型金融产物。直销银行不设立物理营业网点，不发放实体银行卡，主要借助于互联网、移动互联网、电话等远程渠道方式为客户提供银行产品和服务。直销银行与前述网上银行、电话银行、手机银行最大的区别，是其虽然往往由银行主导发起，但却不依托网点，全部业务流程可在线上完成，客户定位主要针对增量客户群体，即银行传统网点未覆盖到的用户以及其他银行的客户。也就是说，直销银行的客户不以拥有该银行的银行卡或存折账户为前提，而是直接在互联网上进行远程开户。这种去人工化和低成本的运营模式也使得直销银行的产品和服务相对标准化，在利率和费用上更具吸引力。

⑤互联网银行（Internet Banking）

这里的互联网银行主要是指纯网络银行，亦即狭义上的网络银行。从存在形态上来看，互联网银行与直销银行在业务渠道、产品服务上有很多相似之处，其区别则视国内外的情况有所不同。在国外，二者的概念已无明显区分，维基百科上已将直销银行作为互联网银行的再定义；而国内二者的区别则主要体现在独立牌照上，即当前国内的直销银行多为传统银行的下设部门，没有独立的牌照，而互联网银行多为具有独立牌照的民营银行，例如，深圳前海微众银行和浙江网商银行。

（3）按照服务对象划分

目前，各种形态的网络银行所推出的银行金融产品服务，按其服务对象可分为个人版、企业版以及特定对象版三大类。

①个人版网上银行

个人版网上银行主要是指银行通过互联网为个人客户提供账户查询、转账汇款、投资理财、在线支付等金融服务的网上银行服务。个人版网上银行一般要由本人亲自持身份证等有效身份证件和银行卡到开卡银行申请开通，获得电子证书并安装后即可使用。

②企业版网上银行

企业版网上银行是银行通过互联网面向企业用户开发的一种网上银行服务。相对于个人版网上银行而言，企业版网上银行拥有更高的安全级别，具备更多针对企业的特殊功能，如账户管理、转账汇款、集团服务、代收代付、国际结算、电子汇票、在线贸易融通、银企对账、票据池、第三方存管等。开通企业版网上银行需要企业法人或财务人员持身份证携带公司公章、法人私账、财务章、预留印鉴等，前往银行柜台办理，获得数字证书后即可安装使用。

③特定对象网络银行

主要是指作为我国首批民营银行试点的两家互联网银行，按照监管部门的要求均设定了特殊服务对象。深圳前海微众银行服务的目标客户群主要是大众消费者和微型或者小型企业。浙江网商银行则按照"小存小贷"的定位，主要针对"存款20万元以下，贷款500万元以下"的小微企业、大众消费者和农村用户。这些特定对象往往是"二八定律"中那80%没有被传统银行服务的群体。

（二）网络银行的发展趋势

在信息经济和互联网金融冲击下以及金融媒介多元化竞争中，商业银行也在不断进化，行将灭绝的可能只是商业银行的传统经营模式，以大数据、移动互联、专业智能、跨界经营为特点的网络银行终将成为未来银行的发展趋势。

1. 数据驱动，整合加工

随着数据库和数据挖掘技术的发展完善以及数据来源的迅速扩展，作为数据密集型行业的银行业将在更广领域和更深层次获得并使用涉及客户方方面面的，更加全面、完整、系统的数据，并通过挖掘分析得到过去不可能获得的信息和无法企及的商机。由此可见，金融数据密集但目前尚未充分开发的商业银行大有文章可做，数据和数据应用能力将逐渐成为其战略性资产和核心竞争力的重要体现，对客户营销、产品创新、绩效考核和风险管理等必将发挥日益重要的作用。商业银行经营方式也将从以产品、客户为中心过渡到以数据为中心，数据驱动将成为不可逆转的发展趋势。

（1）大幅提升客户体验

通过大数据挖掘和分析，银行将由"被动"提供产品向"主动"设计产品转变，由"广泛撒网"营销向"精准制导"营销转变，由"经验依赖"决策向"数据依据"决策转变；银行对客户行为习惯和偏好进行分类汇总，提炼出客户需求信息，将即时或潜在需求的产品和服务有针对性地推送给客户；优化各类营销资源配置，以合适的营销渠道和促销策略对客户实施精准营销；为客户量身打造金融解决方案，推行客户自主定制服务，极大改善客户体验。

（2）引导客户及员工行为

对数据的占有整合能力意味着对未来的预测能力，数据分析可以引导客户更为理性的金融需求和行为，激发员工服务创造力，进而促进银行发展。如通过网点、社交媒体和网络，银行有条件及时搜集来自各个渠道、各种类型的海量数据，并利用大数据技术加以整合，及时了解客户对产品、服务、定价或政策调整的反应，并及时知晓员工的真实情绪。当客户的反应对银行有利，银行可以积极介入，实现更好的营销和服务；当客户的反应对银行不利，银行也能及时发觉并妥善处理，对员工的动向也能及时采取相应措施加以引导。

(3) 指导银行打破固有经营模式

以互联网为代表的现代信息科技发展，门户网站、社区论坛、微博、微信等新型传播方式兴起，移动支付、搜索引擎和云计算广泛应用，在为银行创造全新客户接触渠道的同时，构建起了全新的虚拟客户信息体系，打破了银行固有经营模式。层层交织的数据网络最终将客户、员工与银行串成一个完整有机体，有助于勾画出智慧银行的蓝图。当客户走入银行，轻轻点击触摸屏，银行可以根据指纹等生物信息快速识别其身份，并通过客户交易及消费行为记录、收入情况、各种贷款及固定还款情况推测客户可能要实现的交易需求。同时将客户的基本特征与大数据分析结果比对，推测客户可能的风险承受能力平均值及倾向性理财需求，为客户提供一款适合其性格及消费习惯的个性理财产品，并配套产品服务推介。让每一位客户感觉到其享受服务的专属性，不再为每天接收大量无针对性的理财产品发售信息而倍感头痛。

2. 移动互联，无缝衔接

互联网、手机、平板电脑、网络电视、物联网、社交网络等各类创新促使人们加速从"互联"世界迈向基于移动互联的"超互联"世界。随着传统金融机构、移动运营商以及第三方支付机构携手合作，移动金融领域加速崛起，银行业进入了崭新的移动互联网时代。通过各种移动设备，银行服务无时无处不在，银行不再是一个地方，而是一种行为，客户可以用最佳方式使用银行业务。移动互联网时代，银行的移动互联体现在地域、时间、渠道三个方面，未来银行将形成以网银支付为基础，移动支付为主力，网点、电话支付、自助终端、微信银行等多种渠道为辅助，多渠道无缝衔接的银行。与此同时，传统网点的转型更加重要，网点在服务传统客户（那些不愿意使用网络和手机银行服务的客户）外，还要更多承担宣传、提升用户线下体验的职能。银行通过各种渠道提供一致的服务，客户也在不同渠道体验到相同的服务。

3. 专业智能，跨界经营

随着全球化和信息化的推进，金融创新速度加快，金融产业链被重新分解和再造，现代金融体系功能已经被分化为多个专业化领域。从美国等成熟市场发展经历来看，只有少数银行走向"大而全"，更多银行走向了地区化或专业化。在金融创新和金融脱媒冲击下，面对海量存量客户和潜在客户，面对同质化竞争，未来银行将致力于提供更加专业化的服务和体验，增加客户黏性。专业化服务达到一定程度的银行必将是更加智慧和智能的银行。智慧银行指更透彻的感应度量、更全面的互联互通、更深入的洞察，它包含卓越的客户体验、高效的员工体验以及风险收益的平衡。智慧银行的构建贯穿银行前中后台，通过前中后台业务流程整合和自动化、渠道整合、客户洞察等方式实现以客户为中心的银行业务，以及优化且高效的流程助力更智慧的业务决策。此外，由于互联网带来的技术、业务和竞争的无边界化，无论主动还是被动，跨界经营的时代已经开始。未来银行将通过与第三方支付、旅游网站、运营商等外部合作资源对接，借助于第三方快速接入各大平台，形成银行、客户、第三方三位一体，以金融服务为核心、客户需求为导向、开源服务为支撑的新型服务模型。

4. 创新风控，强化优势

风险控制是金融业的核心，银行相对互联网企业的最大优势就在于资金的风险控制与风险定价。随着信息技术的应用，金融机构集中处理的数据越发集中，技术风险也随之加大，对金融机构的安全性提出了新的考验。因为信息技术本身处于快速发展阶段，技术的更新换代速度很快，未来商业银行将需紧跟国内外风险管理的前沿，及时掌握风险管理的先进技术，高度重视金融互联网化之后的新型风险。

对网络银行而言，最突出的风险主要包括技术风险、政策风险、法律风险以及各类互联网金融业务风险。未来商业银行需加强利用移动互联网时代的新思路、新技术，继承商业银行传统风险管理优势和精髓，从风险技术、风控目标、风控应用等方面全面整合、健全和创新风险管理体系，以适应互联网时代的风控要求。

三、网络证券

（一）网络证券的定义和种类

1. 网络证券的定义

网络证券通常是指通过互联网进行的证券交易等相关活动，有狭义和广义之分。从狭义上理解，网络证券主要是指网上证券，它包括网上开户、网上交易、网上资金收付、网上销户四个环节。从广义上理解，网络证券不仅只包括网上证券，而是在"电子化—互联网化—移动化"趋势下，对传统证券业务实施从销售渠道、业务功能、客户管理到平台升级的架构重塑及流程优化，架构符合互联网商业惯例和用户体验的综合金融服务体系。

网络证券通过搭建互联网技术平台，可以为投资者提供一套贯穿研究、交易、风险控制、账户管理等投资环节的服务方案，帮助投资者提高交易频率和效率，扩大交易品种，降低进入多品种交易及策略投资的门槛，实现了低成本、跨时点、跨区域投资。它不只是简单地将线下业务向线上进行的平行迁移,也不是对现有平台和信息技术模块作简单整合。

但是由于证券行业在不同国家或地区所受到的监管环境和政策的不同,网络证券在不同国家的发展所包含的内容是有所不同的。

2. 网络证券的种类

(1) 按发展模式划分

按照金融互联网下证券公司的网络化发展模式来划分,网络证券有以下四种类型:

①证券公司自建网络平台

证券公司依靠自己的力量发展一套网络体系来运营整个网络经纪业务,这种公司的背景往往很强大,客户资源丰富,资本雄厚。典型代表如美国的美林证券,国内的国泰君安证券也属此种模式。

②证券公司转型网络经纪商

证券公司先慢慢向着网络经纪商转型,之后再去经营多元的金融业务。这种模式比较典型的是美国嘉信理财。

③与第三方合作搭建网络平台

国内券商在初期的证券电子化时期多是自建网站,通过建立网上营业厅来进行证券交易。但近两年在互联网金融发展的大潮推动之下,证监会批准证券公司开展互联网证券业务试点之后,在新一轮的网络证券竞争中,各家券商纷纷通过与第三方互联网平台合作的模式来推动证券行业的金融互联网进程。包括腾讯、阿里巴巴、搜狐、新浪在内的多家互联网公司得到证券公司的青睐。国金证券、中信证券、海通证券等券商选择与腾讯合作,通过"腾讯·自选股手机移动终端",投资者可以浏览自选股行情和资讯服务的同时,可通过手机终端联系相应的券商办理开户、转户业务。

④投资互联网金融机构或出资设立券商子公司

在发展互联网金融方面,一些券商除了自荐网络平台外,还通过投资互联网机构来间接参与互联网金融。

(2) 按业务种类划分

网络证券的业务种类目前主要是证券经纪业务的延伸,亦即证券公司通过其设立的网站接受客户委托,按照客户要求,代理客户买卖证券,进行资产管理,提供集投资者教育、理财信息、财经资讯、产品交易、理财、融资等全方位的金融服务。具体来说,主要包括在线证券开户和销户、在线证券交易、在线理财、证券电子商务等业务种类。对国内券商来说,理财账户的资金收付也在试点之中。证券电子商务是近年来在国内网络证券的新兴业务领域,是指证券行业以互联网络为媒介为客户提供的一种全新商业服务,它是一种信息无偿、交易有偿的网络服务，销售的产品包括交易软件、投资资讯、投研报告、投资顾问套餐等一系列增值服务。

(二) 网络证券的发展意义和发展趋势

1. 网络证券的发展意义

(1) 互联网与券商的融合加速了券商行业的更新换代

纵观发达资本市场历史，佣金率下滑是必然趋势，这是证券行业"升级换代"的结果，在证券行业发展初期，经纪业务是券商行业赖以生存的基础，一般佣金率都受监管部门保护，但随着证券业务的发展，收入逐步多元化，价格管制也逐渐放开，经纪业务在市场竞争的情况下，佣金率必然趋于下滑。互联网证券的出现从两个层面加速了佣金率的下滑：一是互联网打破了区域之间的价格差异，短期对于佣金率较高的中西部地区的冲击较大；二是互联网模式进一步降低了经纪业务的成本，打开了价格下降的空间。佣金率下降将是行业发展的必然趋势和要求，互联网的加入加速了经纪业务市场化的步伐，短期可能会对佣金率较高的区域型券商造成一定的冲击，但是站在更长的历史维度上，互联网和券商的结合加速了整个证券行业的更新换代，提升了整个券商行业的创新氛围，加强了中国券商行业的国际竞争力和影响力水平。

(2) 互联网全面拓宽了券商行业的渠道

近年来，国内券商行业的发展速度远不及银行、保险等其他金融子行业，其中一个很重要的原因是渠道明显不足，这直接导致了产品销售能力不足、客户规模不大、品牌影响力不够等诸多问题。

互联网平台的加入为券商的逆袭提供了重要的机遇。首先，互联网平台提供了大容量、低成本的客户和渠道资源，提升券商行业的销售能力，缩小了与银行、保险的差距。另外，互联网渠道为券商提供了一个打"翻身仗"的机会。互联网的渠道成本低于物理网点，在互联网营销时代，银行、保险庞大的物理渠道反而造成成本端的巨大压力，券商物理网点的不足反而成为其大举发展网络渠道的有利条件，并最终在渠道成本上胜人一筹。

(3) 互联网为券商更好地服务中小客户提供了重要手段

证券市场散户化一直是中国资本市场的重要特征，具体表现为两点：一是投资主体散户化，即投资者更倾向于技术分析，忽视价值投资，投资行为短期化，换手率较高（中小散户的换手率明显高于高净值客户）。在这样的资本市场生态环境下，中小散户为证券公司贡献了很大一部分收入和利润。尤其在经纪业务领域，表现尤甚。

但与收入贡献构成鲜明对比的是证券公司对中小散户的服务同质化现象比较严重，用户体验较差。互联网的出现为券商更好地服务中小客户提供了重要手段。在服务中小客户上，相比传统模式，互联网模式至少在三个方面获得重大突破：一是打破时空的限制，传统模式的大部分服务时间都限定在交易时间，服务地点限定在营业网点，而在互联网模式下，服务时间有望扩展到 7×24 h 的模式，并且在任何有网络的地方，用户均可享受到互联网方式提供的服务；二是服务内容更加多样化，传统模式下，券商为中小散户提供的服务主要是交易服务，互联网模式下，中小投资者享受的服务将呈现多样化，包括交易、投资咨询、投资者教育、网上购买金融产品等；三是收费更加低廉，目前传统模式的交易佣金一般都在万分之五以上，而当前网上开户的交易佣金低至万分之二点五，未来随着制度的放开和互联网金融的发展，交易、信息服务等基础服务功能将逐步趋于免费，互联网模式的价格优势将更明显。

2. 网络证券的发展趋势

证券行业的信息化在过去的几年间主要发生在技术创新的领域，随着金融互联网化的进一步推进，未来互联网对证券行业的影响会逐渐从"技术革命"演进到"模式革命"，发展战略差异化、证券交易全面化、产品销售超市化、券商营销网络化、网络平台移动化等将成为其未来的发展趋势。

（1）战略重构，行业整合

针对互联网所具备的注重客户体验、比较适合"长尾"零售客户和简单的标准化理财产品等特征，不同的券商在金融互联网的战略布局上将呈现不同的侧重和路径。大型券商主打综合金融服务，中型券商适度综合特色兼顾，小型券商细分市场特色发展。

中国证券业目前的发展阶段与美国 20 世纪 70 年代末类似，预计中国券商将进入全面的发展时代，未来将出现大型综合券商、互联网券商与精品券商同台共舞的行业生态。

在零售经纪业务上投入过多的资源容易造成业务服务水平的下降，根据搜狐金融的研究数据分析，大型券商会将目光投向机构业务，放弃在网络零售业务上与中小券商竞争，而中小券商由于缺乏与大型券商相抗衡的基础，将加速拥抱互联网，强化零售业务，通过与第三方互联网企业等机构的合作，完成向网络券商转型的过程。从美国、日本等国家的互联网经纪公司的发展历程中可以看出，并购是一个快速有效的发展手段。未来可能会有券商通过并购、控股一家支付公司，绕开第三方存管限制，实现一些理财产品买卖，从而实现多层次的账户体系。

（2）模式重构，生态完整

证券行业的互联网化将意味着对自身商业模式的改造和重塑，传统的以线下营业部为主要渠道、以经纪业务为主要盈利的模式将被改变，证券交易全面化、产品销售超市化、券商营销网络化将成为趋势。网络证券将以用户为中心，利用大数据深度挖掘和识别客户的需求，构建由最佳客户体验和多功能账户体系组成的完整金融生态圈，根据不同的需求来划分和管理客户群，匹配给客户完善的产品体系，提供投资、融资、理财、支付、投顾、社交等一体化服务功能。未来预计将有更多的券商依托互联网金融策略，搭建开放的互联网金融社区和综合服务平台，充分满足客户的需求，为不同类型的投资者创造价值。目前，国泰君安、平安证券、华泰证券都在尝试打造自身的金融生态圈。

（3）移动引领，抢占高点

手机等多元移动终端的广泛使用推动了移动金融的暴发增长，移动支付渐成主流，移动银行推陈出新，移动应用日益丰富。这正是券商向移动互联网升级的好时机，可以抢占移动互联网金融的制高点，推进证券行业与互联网的深度融合。

四、网络保险

（一）网络保险的定义和种类

1. 网络保险的定义

随着信息技术和互联网的高速发展，全球保险行业的营销模式和保险产品发生了日新月异的变化。在这波互联网金融的热潮中，"网络保险""互联网保险"的概念应运而生。

广义的网络保险是指实现保险信息咨询、保险计划书设计、投保、缴费、核保、承保、保单信息查询、保权变更、续期缴费、理赔和给付等保险业务全过程以及保险经营管理活动的网络化，它不仅包括保险公司或者其他保险中介机构利用互联网来开展保险业务的行为，甚至包括保险公司内部基于互联网的经营管理活动，以及在此基础上的保险公司之间，保险公司与股东、保险监管、税务、工商管理等机构之间的交易和信息交流活动。

狭义的网络保险又称网上保险或网销保险，是指保险公司或保险中介机构以互联网和电子商务技术为工具来支持保险经营管理活动的经济行为，有别于传统的保险代理人的营销模式。

互联网保险是指保险机构依托互联网和移动通信等技术，通过自营网络平台、第三方网络平台等订立保险合同、提供保险服务的新型金融服务方式。从实际运行情况来看，互联网保险基本属于纯线上保险，是网络保险在当前阶段的一种新型发展模式。

同网络银行、网络证券的界定一样，由于金融的互联网化仍处于阶段性发展过程，网络保险的外延仍处于变化之中，网络保险与互联网保险的概念及使用在业界逐渐趋于一致。其具体内容主要包括保险数据的搜集和分析、保险产品的设计和营销、保险需求的专业分析、保险产品的购买服务、在线核保和理赔服务以及在线互动交流服务等。

2. 网络保险的种类

（1）按发展模式划分

网络保险按发展模式划分，主要有保险公司自建、保险代理合作、专业互联网保险三种类型。

①保险公司自建模式

保险公司自建模式是指保险公司通过自建网站而开辟的网上销售通道。保险公司网站模式是最早出现的也是目前最普遍的网络保险模式。保险公司使用自己的品牌建立官方网站，方便客户查询搜索，并向客户介绍相关的产品和服务，部分保险公司也支持在线购买，并提供售后查询、理赔等服务。

保险公司建立网站通常需要具备充足的资金、丰富的产品体系以及较强的运营和服务的能力。互联网的最大特点就是透明，保险公司网络营销的竞争其实就是后台运营能力和服务能力比拼。因此，这些条件通常只有大型保险公司能够满足。目前国内的保险公司基本全部建立了自己的网站，但大多数保险公司网站仅仅提供很少量的信息（公司新闻、介绍等）而已，并没有实质性的保险经营活动。因此，按照是否从事销售活动，可以进一步将保险公司网站细分为宣传型网站和销售型网站，前者只能算是"保险电子化"，而非真正意义上的网络保险。而后者则是一种利用互联网优势所进行的模式创新，又被称为保险电商。国内的中国人寿、中国人保、平安、太平洋等保险公司都已推出自己的网上商城，消费者可以在其官网上购买保险产品。通过自建网站销售，保险公司对营销方式、产品设计和定价等有完全的自主权，有利于其更好地维护形象、贴近消费者，可把消费者访问流量吸引到自家网站。

②保险代理合作模式

保险代理合作模式是指保险公司与其他代理方签订合作代理协议，利用代理合作方的网络平台来销售自己的保险产品和提供保险服务。根据代理合作方的不同，该模式又可分为保险专业代理模式、保险兼业代理模式和第三方电商平台代理模式。

保险专业代理模式是指保险公司委托有资质的专业保险代理或保险经纪公司，通过签订协议在其网站上代理保险产品销售和提供服务。根据有关监管文件规定，只有获得经纪牌照或全国性保险代理牌照的中介机构才可从事互联网保险业务。网站通过自己搭设的交易平台，吸引众多保险公司参与，能够向消费者提供较为丰富的各家保险公司的产品和价格，消费者可根据自身的需要，通过对比的方式选择适合自己的商品，完成保险的购买，网站靠从中收取较低的佣金或手续费盈利。该模式能借助产品和服务等综合优势为客户量身定做保险方案，协助客户投保甚至索赔等环节，协调保险公司和消费者之间的利益管理。

保险兼业代理模式是指保险公司委托银行、航空、旅游等非保险机构通过其网站来代理销售保险产品和提供相应服务的模式。这类合作如中国东方航空网站、携程旅行网、翼华科技、工商银行等，其官方网站都有保险代理产品和服务。兼业代理销售的保险产品一般与其主业有关，如航空公司销售的航空意外险、银行销售面对理财客户的投连险和寿险产品等。该模式下往往可以实现合作双方的客户增值服务与代理收入的共赢，但有时因属于代理方的非主营业务，客户体验会受到不同程度的影响。

第三方电商代理平台模式是指保险公司借助独立于保险公司和投保人的第三方电子商务交易平台来销售产品和提供服务。如淘宝、天猫、京东等大型电子商城，甚至和讯、搜狐、新浪等综合服务型门户网站也都成为保险公司拓展网络保险的合作伙伴。这种交易平台的提供商普遍没有保险代理资格，仅仅以平台模式运营，收取服务费。

由于这些第三方交易平台拥有海量的用户和流量、成熟的网络交易平台和较高的知名度，其长期积累的专业性和安全性往往容易得到客户认可。大部分中小型保险公司考虑到建立网站成本及流量问题，愿意将自己的网络营销渠道与其合作。但在这种模式下，保险公司对代理渠道的掌握度较低，受平台网站设计限制，往往在营销方案的灵活度上有所欠缺。

③专业互联网保险公司模式

专业互联网保险公司模式是指保险公司设置专门的互联网保险企业来从事网络保险业务的模式。该模式下，根据保险公司经营业务主体的不同，专业互联网保险公司大致分三种：纯网络保险的"众安在线"模式、产寿结合的综合性金融互联网平台和专注财险或寿险的互联网营销平台。

（2）按产品种类划分

总体而言，小额、数量大、标准化的金融类产品比较适合互联网销售。目前来看，网络保险的产品种类主要有以下几种：

①车险、意外险及其他财产险

非寿险业务依然是网络保险的主流，寿险公司主推的产品是意外险、旅游险等险种，非寿险公司主推车险和其他财产险。

②理财型险种

以万能险为代表的理财型险种支撑了网络保险寿险保费收入的快速增长，该险种尤其是对中小型保险公司网络保险业务规模贡献度较高。

③定期保障、小额健康和医疗险

这些产品以短期或中期产品为主，有的产品投资门槛仅500元或1000元，利润率比较低。

④新型时尚险种

这类险种多是为了提升公司品牌认知和积攒客户，在实际销售中多是免费赠送或超低价销售。

⑤互联网安全保险产品

这类险种是由保险机构来提供因盗刷导致的损失赔偿，有助于提升客户对网上交易的认可度。

(二) 网络保险的发展趋势

与传统保险相比，网络保险具备互联网渠道流量大、客户多、产品费率低以及及时掌握客户需求、提供针对性产品的优势，但目前也暴露出一些风险问题。比如，互联网的虚拟性会产生各种伪数据从而引致数据安全和数据定价风险，随意利用互联网创新噱头而引致的创新与声誉风险，还有信用与网络欺诈风险、信息安全和技术安全风险、操作风险等。随着各种监管规定的陆续落地，未来网络保险将在规范中沿着"渠道创新—产品创新—模式创新"的路径持续发展，并可能呈现出以下发展趋势：

1. 基于互联网的智能化保险交易

互联网支持保险公司能够积极运用各种互联网技术，在保险销售渠道等方面进行创新。现在的互联网保险交易是以互联网为工具通过保险代理人或客服向客户提供保险需求等方面的服务。而智能型互联网交易是指不需要借助中介人，通过网络直接为客户匹配险种和提供智能的保险售后服务，相当于一个虚拟的智能保险公司。随着保险行业的市场化和技术的进步，基于互联网追求更高效率、更低成本的虚拟保险交易方式将是一种必然趋势。面对未来保险公司和互联网机构的竞争，紧紧抓住市场机遇，努力进行大胆的创新是保险公司的必然选择。从市场的长远角度看，监管机构将会更加鼓励保险营销模式的创新和保险市场的良性竞争，推动市场积极地提高交易的效率和降低成交成本，同时也会加强对这种新的交易方式下违法违规行为的监管，防范可能导致的系统风险。

2. 基于真实需求的多元化产品创新

经过广泛的"噱头"类产品创新后，真实的保险需求已成为业内外关于网络保险产品创新的明确方向。未来的网络保险产品创新领域将更为广泛和多元化，力求结合互联网可以设计出真正符合消费者需求的保险产品。创新方向将分为两大类：一是增量市场上的产品创新，将基于更为广泛的应用场景，配合互联网、大数据等新兴科学技术设计而出的互联网保险产品，有着"碎片化""高频率""场景化"等特点，比如，虚拟生活与虚拟资产、简单明了的专项重疾险、适合家庭群体特征的捆绑险、赔付灵活的意外险等；二是存量市场的产品创新,费率改革以及新的市场环境、政策环境下,传统保险产品势必在新的技术应用下,或主动、或被动地向更为接近消费者需求的方向演进,甚至承担起打通保险和不同产业融合的使命,如医疗、养老、环保、食品安全等。我国网络保险可以在互联网小微企业信用和贷款保证金保险、农村小额保险、网销食品等的责任保险、物流保险等与互联网金融、互联网消费等有关的领域积极发挥自身防范风险的能力,积极拓宽自己的发展空间,结合互联网优势开发出更多标准化和个性化的保险产品,促进互联网保险的发展。

3. 基于大数据与人工智能的精算定价

作为金融机构,保险最为核心的地方就是对风险的定价。对保险业来说,如果互联网技术能够通过丰富、完善和细化定价因子深入产品定价才是最有价值的。目前保险产品的定价都是基于传统的定价理论和模型(如寿险很多产品的定价仍基于生命周期表,产险定价主要假设是事故发生率)。伴随大数据与人工智能的发展,基于"云+端"的远程信息获取和处理,将会使保险定价出现颠覆性的变革,实现对各种风险更为精准、动态、差异化的定价。但科技的进步向来都是双刃剑。对于大数据对风险的精准定价其实保险业内存在争议。简单地说,保险是靠大数法则而生存运转的,假设未来大数据发展到极致,可以精准地定义每个个体的差异化的风险,对保险业的影响将会怎样呢?根据有关研究,就市场空间来看,精细化定价对于保费总量应该具有一定正面的刺激效果,尤其是对优质客户而言。就整体的利润率情况来看,初期面临"件均向下+新增优质客户",利润整体持平;后期面临"件均恢复+客户分层显现",利润率或稳中略升。

4. 基于整合的保险生态系统

技术的进步以及消费者行为的改变正在重塑全球保险业,而邻业进入者也促使保险业将整合成为更广泛的生态系统。对保险公司而言,机遇与挑战并存。尽管目前行业整体数字化改良与创新尺度不同,但保险公司毫无退路可言,内部中后台管理的数据化转型与变革已成必然趋势。不远的未来,当人们的衣食住行都离不开网络时,也就没人在意是所谓"互联网保险"还是传统保险了。当互联网思维引发的全新模式早已融入保险产品设计和运用当中之时,保险的核心竞争力应该是在跨界资源整合能力、便捷服务供应的效率和反欺诈技术的成熟度上。站在十字路口的中国保险业,亟待转变观念、厘清战略、构建能力,在网络保险重塑行业格局之际博得一席之地。

第四节　数字金融的风险及其防控

一、数字金融面临的风险

（一）大数据的真实性难以保证

大数据的真实性难以保证，会降低结果的有效性。大数据的来源很广泛，包括网上搜索、电子平台交易数据、公共平台互动等，与传统的统计数据相比较，其更加全面、及时、透明。但是在很多情况下无法判断数据的真实性，若数据出现造假，风控模型得到的结果就会与真实情况相背离，出现风险管理决策的严重失误。比如，有的融资主体为了满足贷款条件或者获得更高的贷款额度，会进行流水造假，还会出现其他个体的模仿效应，这样就会给金融监管带来困难。

（二）数字货币带来的挑战

1. 基于区块链技术的数字货币会存在去中心化的风险

数字货币大多采用的是公有区块链，在不同共识算法的影响下，不同的数字货币在货币发行与移转、货币信息记录、货币系统维护等方面表现出不同的去中心化程度。参差不齐的去中心化程度毫无疑问提高了金融监管的难度。在传统金融业态下，风险主要在金融体系内传播，并过渡到实体经济。但是在去中心化的体制下，金融风险往往是呈网状传播，传播速度更加迅速，传染范围不断扩大，这使得风险的破坏性更强。

2. 数字货币的强匿名性带来的风险

区块链中的加密算法使得数字货币具有了匿名的特性。匿名性使得监管者无法追踪数字交易的具体情况，会使得逃避税收和资本管制、进行资产转移、开展ICO（首次币发行）融资骗局和资产骗局等违法犯罪活动更加猖獗，进一步损害投资者的相关利益。另外，当数字货币交易所遭到黑客攻击，大量数字货币被盗时，由于匿名性和交易活动的不可逆性，持有者无法通过包括法律在内的任何途径追回自己的财产，损失惨重，监管者面临更大的监管压力。

（三）寻求监管路径实现金融创新与金融稳定平衡的难度较大

为了摆脱外部监管约束，金融机构会进行金融创新，采用各种创新型的金融工具、交易方式、金融产品等,从而获得超额利润,但是系统性风险也会相应增加,导致金融危机发生的概率增大。

政府监管部门的职责在于防范金融过度创新中可能出现的风险,保证金融市场的稳定运行,当面对金融创新时,监管部门会不断调整监管力度;但过于严格的金融监管将导致企业利润的下降。在这种情况下,监督和创新存在相互促进和相互约束的关系,会出现"创新—监管—再创新—再监管"的不断重复的动态博弈过程,创新和监管就有可能在持续的博弈动态中实现均衡,实现双方的共赢。但是目前金融创新与金融稳定之间出现了明显的失衡,金融稳定是监管者在制定政策时的最优选择。政策制定者不仅要考虑实现金融市场的稳定可控,满足中央"金融去杠杆"的要求,同时也要注意保证金融创新的可持续性,还要防止对正常市场秩序造成的干扰。这种多重矛盾相互牵制的困境成为监管的难点之一。

(四) 以往中心性的传统金融监管对于数字金融监管乏力

传统的金融监管主要围绕商业银行、政策性银行、证券公司、保险公司等金融机构展开,对这些金融机构的资本金、利率限制、审计和财务信息公开等方面都做出了详细的监管要求。而融资性担保公司、小额贷款公司、有限合伙制私募股权投资基金等非金融机构则不受金融监管机构("一行两会")的监管,只存在部分地方政府和行业协会等的监管,有的甚至连自律监管也没有。在数字金融快速发展的环境下,中心化的传统金融监管就暴露出了明显的弊端,会出现由于监管覆盖存在漏洞导致监管失灵、金融风险传播几乎不受限制等现象,严重影响金融市场的稳定。

(五) 混业经营模式对分业监管体制的冲击

当前我国的金融监管体系仍属于分业监管。一方面金融监管范围狭窄,过度关注金融机构市场准入条件和合法合规性,对于企业经营过程中的风险控制和问题金融机构的处理不够重视;另一方面监管部门各自为政,使得数据分散,共享机制落后严重阻碍了监管信息的可得性和完整性。

数字金融服务平台提供综合性的金融服务,同一家平台开展投资、保险等不同业务的现象很普遍。数字金融机构和产品的混业趋势,使得创新出的金融工具和金融产品更加复杂,在这种情况下就会导致监管空头和监管重叠,监管机构间相互推诿扯皮,严重降低了监管效率。因此,现行的分业监管已经不适合数字金融发展的需要,不同金融监管机构应加强合作。此外,由于数字技术的跨国界性和金融服务的全球化,监管协调已经不仅局限于某个国家内部,要建立健全的监管体系,还要加强各国间的沟通交流。

二、数字金融的风险防控

(一) 大数据风险防控

商业银行对于个人业务的传统风控主要关注征信数据,对无征信人群业务的开展受到阻碍。随着信息技术的发展和移动互联的普及,关于客户的消费、出行、通信等方面的行为类数据都可以通过淘宝、京东、美团等移动终端获取,为大数据风控提供了丰富的数据基础。商业银行智能化地将上述非信贷行为数据引入,借助大数据和机器学习等新兴算法,挖掘客户非信贷行为数据与潜在风险之间存在的相关关系,拓宽了商业银行的风控半径,丰富了客户风险画像和风险识别维度。此外,智能风控还能够捕获到银行此前关注不到或实际操作困难的信息维度,例如利用社交、设备数据和神经网络技术,能够更精准识别欺诈申请和欺诈交易等。同时,智能风控所使用的数据具有高频更新的特点,这使得商业银行可以快速捕捉客户风险特征的变化,及时调整金融决策。

商业银行在个人零售业务中,利用 AI 技术、大数据、人脸识别、云计算等对客户进行 360 度画像,可从三个维度对个人客户的信用进行审慎的考察。而对于企业融资业务,可利用大数据等相关技术建立企业客户智能预警监控体系,由系统从外部实时获取企业的财务、诉讼、舆情、公告数据以及所处行业等方面的信息,实现对企业全产业链的监控,利用 AI 决策进行风险预警。随着银行系统数据的不断积累,还可将各种风险预警信号与事后违约概率进行关联度分析,找出企业与企业违约强相关的各个指标,不断优化银行信贷评估模型,提高决策的准确率和贷款回收率。

(二) 监管科技

中国人民银行成立金融科技委员会,强调通过金融科技委员会强化监管科技的应用实践,积极利用大数据、人工智能、云计算等技术丰富金融监管手段,证监会正式发布实施监管科技总体建设方案,标志着证监会完成了监管科技建设工作的顶层设计,并进入了全面实施阶段。互联网金融巨头和网络银行等在客户信用评价模型与 KYC 领域中已经大量运用监管科技。这些现象都说明我国监管科技发展势头迅猛,前景良好。

银行发展金融科技业务的主要方式为外部合作和单位内部孵化,支付机构则是以内部孵化为主。此外,银行金融科技资金投入相对高于支付机构,金融科技标准制度建设情况也相对较好,但仍有不足。

从技术发展应用来看,涉及大数据的机构最多,发展也最快;涉及云计算、人工智能、分布式数据库的机构相对较多,发展速度次之;而涉及区块链、物联网、5G 的机构相对较少,发展速度也最慢。从机构类别来看,整体上银行比支付机构涉及的领域更广。银行和支付机构利用金融科技赋能最多的领域就是完善风险监控模型,监测可疑交易。

未来监管科技的解决方案需要标准化,这有助于摊薄开发成本。但是要明确的一点是,监管科技标准化在短期内是难以实现的。一是由于监管数据尚未实现标准化,会影响相关指标的准确性和可比性;二是由于标准化所要求的技术安全性很高,还需要耗费很长的时间进行研究;三是由于标准化方案的选择不可以采取行政手段指定,需要经由市场激烈的优胜劣汰机制来抉择,但是这一过程是漫长的。

第六章 数字金融服务体系

第一节 征信体系

一、征信体系概述

在社会经济生活中,征信业是提供信用信息服务的行业,其起源于信用交易的需要。征信机构作为提供信用信息服务的企业,按照一定规则合法采集企业、个人的信用信息,加工整理形成信用报告等征信产品,有偿提供给经济活动需求的信息使用者,为交易一方了解对方的信用状况提供便利。征信业务是指征信机构对企业、事业单位等组织的信用信息和个人的信用信息进行采集、整理、保存、加工,并向信息使用者提供的活动。

征信体系包括征信制度、信息采集、征信机构和信息市场、征信产品与服务、征信监管等方面,其目的是在保护信息主体权益的基础上,构建完善的制度与安排,促进征信业健康发展。征信体系通过提供信用信息产品,解决制约信用交易的瓶颈问题,能够有效促进金融信用产品和商业信用产品的创新,扩大信用交易的范围和方式,带动信用经济规模的扩张。

征信体系建设是社会信用体系建设的重要手段和核心环节,发展征信业有助于遏制社会不良信用行为的发生,维护良好的经济和社会秩序,促进社会信用体系建设的不断发展完善。在过去的多年里,征信体系在世界各国得到了快速发展。在市场经济发达国家,征信业已成为重要的服务产业之一,在经济发展和社会信用体系建设中发挥着重要的基础性作用。我国的征信体系建设从信贷征信起步,随着金融信用信息基础数据库的正式运行,征信系统为金融机构加强信用风险管理、保障金融稳定发挥了重要作用。

二、我国征信业发展现状

(一) 人民银行征信中心

中国人民银行设立中国人民银行征信中心,作为直属事业单位专门负责金融信用信息基础数据库的建设、运行和维护。征信中心的信息采集方式是接入金融机构的总行(总部、数据中心)直接按数据要求,报送本机构的征信数据。征信中心直接接入全国的营业网点,无须另行搭建专门的征信网点,使得征信中心具有运营成本低、涵盖样本全面、覆盖社会阶层广的优势。

1. 征信系统覆盖范围广泛

人民银行征信中心征信系统已经建设成为世界规模最大、收录人数最多、收集信贷信息最全、覆盖范围和使用最广的信用信息基础数据库,基本上为国内每一个有信用活动的企业和个人建立了信用档案。征信系统收集的信息以银行信贷信息为核心,还包括企业和个人基本信息以及反映其信用状况的非金融负债信息、法院信息和政府部门公共信息等;既有正面信息,也有负面信息。

立足社会融资规模口径,征信系统接入了所有商业银行、信托公司、财务公司、租赁公司、资产管理公司和部分小额贷款公司等,部分保险公司信用保险业务开始接入,基本覆盖各类放贷机构。征信系统数据质量保持在较高水平,实现信贷信息次日更新,信用报告查询秒级响应。

2. 征信产品与服务全面

人民银行征信中心形成以信用报告为核心的多元化征信产品服务体系:征信产品不断创新、丰富,逐步形成以信用报告为核心的多元化征信产品服务体系。企业和个人信用报告主要用于信贷审批和贷后管理,也广泛用于政府依法履职、资格审查等方面,已经成为反映企业和个人信用行为的"经济身份证"。

个人信用报告根据服务对象及使用目的不同,分为四个版本:为以银行为代表的授信机构服务的银行版,含配套的仅包含本行报送信息的银行异议版;满足消费者本人查询需求的个人版以及个人明细版;为其他社会主体服务的社会版;供征信系统管理使用的征信中心版。个人信用报告的基本内容包括:报告头、个人基本信息、信贷交易信息、公共信息、声明信息、查询记录和报告说明。不同版本的信用报告对上述内容各有侧重。

基于征信系统的海量数据创新开发的增值产品,为金融机构加强风险管理提供信息支持,主要有关联企业查询、对外业务重要信息提示、征信汇总数据、征信系统信贷资产结构分析等。

(二) 中诚信

央行的征信中心是国内最大的信用基础数据库,此外鹏元、中诚信等传统企业征信是企业征信市场重要的补充。随着移动互联网时代的到来,企业征信也在转型中,一些互联网大数据征信公司以互联网络为核心,利用大数据技术为用户提供更为及时全面的征信服务。

中诚信国际信用评级有限责任公司(以下简称中诚信)始创于 20 世纪 90 年代,是经中国人民银行总行批准成立的中国第一家全国性的、从事信用评级、金融债券咨询和信息服务的股份制非银行金融机构,是目前国内规模最大、业务范围最广泛、信誉最好、资质最完备的评级机构。

中诚信的主要产品及服务包括:个人征信、企业征信、电商认证、小微金融贷前风控、市场调查及研究咨询服务、应收账款管理咨询服务、信用风险管理培训服务、信用风险管理软件系统开发服务等。公司拥有全球性的个人征信、企业征信和市场调研网络、独立的民间征信数据库以及先进的电子商务平台,能够为企业、政府、金融机构等提供全面、专业的征信及信用管理咨询服务。

三、我国互联网大数据征信的发展

(一) 互联网大数据征信概述

1. 大数据征信的概念

近年来,伴随互联网金融和大数据技术的发展,大数据征信开始兴起。大数据征信是指通过对海量的、多样化的、实时的、有价值的数据进行采集、整理、分析和挖掘,并运用大数据技术重新设计征信评价模型算法,多维度刻画信用主体的"画像",向信息使用者呈现信用主体的违约率和信用状况。

传统征信在方便个人信贷、辅助金融授信决策、防范信用风险和提升金融获得性等方面发挥着关键作用,但其在互联网金融领域的局限性也不容忽视,随着"互联网+"的发展,互联网上产生、沉淀了大量与个人征信相关的数据,为大数据征信提供了数据基础。与传统征信相比,大数据征信强调数据量大、刻画维度广、信用状况动态交互等特点,可作为征信体系的有益补充。

为加快大数据部署,推进落实"互联网+"国家战略。大数据和云计算技术的进步为大数据征信的发展提供了支撑和便利，人工智能算法模型为全面刻画用户违约概率和信用状况提供了有力补充。一方面，借助大数据和云计算技术对互联网上产生的大量与征信相关的数据进行采集、记录、储存和分析成为可能。另一方面，以机器学习为代表的人工智能技术相继被采用，不仅可以分析、归纳和汇总各种渠道获取的结构化和非结构化数据，还可设计多种预测模型（欺诈模型、身份验证模型、还款意愿模型和稳定性模型等），预测信用主体的履约意愿和履约能力，减少违约风险和坏账率。

2. 大数据征信特点

从表面上看，大数据征信和传统征信似乎只是数据的获取渠道不同，前者主要来自互联网，后者主要来自传统线下渠道，但是二者存在较大的差异。大数据征信创新主要表现在覆盖人群广泛、信息维度多元、应用场景丰富及信用评估全面四个方面，由此带来征信成本的降低和征信效率的提高。

首先，覆盖人群广泛。传统征信主要覆盖在持牌金融机构有信用记录的人群。大数据征信通过大数据技术捕获传统征信没有覆盖的人群，利用互联网留痕协助信用的判断，满足第三方支付及互联网保险等互联网金融新业态身份识别、反欺诈、信用评估等多方面征信需求。

其次，信息维度多元。在互联网时代，大数据征信的信息数据来源更广泛，种类更多样。大数据征信数据不再局限于金融机构、政府机构以及电信提供的个人基本信息、账单信息、信贷记录、逾期记录等，还引入互联网行为轨迹记录、社交和客户评价等数据。这些数据在一定程度上可以反映信息主体的行为习惯、消费偏好以及社会关系，有利于全面评估信息主体的信用风险。

再次，应用场景丰富。大数据征信将不再单纯地用于经济金融活动，还可将应用场景从经济金融领域扩大到日常化、生活化的方方面面，如租房租车、预订酒店、签证、婚恋、求职就业、保险办理等各种需要信用履约的生活场景，在市场营销支持、反欺诈、贷后风险监测与预警和账款催收等方面具有良好的应用表现。

最后，信用评估全面。大数据征信的信用评估模型不仅关注信用主体历史信息的深度挖掘，更看重信用主体实时、动态、交互的信息，以信用主体行为轨迹的研究为基础，在一定程度上可以精准预测其履约意愿、履约能力和履约稳定性。此外，大数据征信运用大数据技术，在综合传统建模技术的基础上采用机器学习建模技术，从多个评估维度评价信用主体的信用状况。

3. 大数据征信的主要问题

大数据征信借助大数据技术能够更全面地了解授信对象，减少信息不对称，增加反欺诈能力，同时更精准地进行风险定价，从数据维度和分析角度提升传统征信水平。但从数据范畴和内涵的效用性、征信机构独立性及隐私保护等方面看，大数据征信仍存在诸多问题，须加以重视。

第一，数据范畴和内涵突破"金融属性"，效用性尚待验证。传统征信的数据主要来源于金融机构和公共部门构成的数据循环，以银行信贷信息为核心，包括社保、公积金、环保、欠税、民事裁决与执行等公共信息，数据相对完整且权威性高。大数据征信采集数据的范畴突破"金融属性"，数据主要来源于电商类平台、社交类平台以及生活服务类平台等，涵盖网上交易数据、社交数据及互联网服务过程中生成的行为数据，这些数据多与借贷行为关系不大，权威性较弱，且各平台的数据完整性各有不同，因而能否作为判断信用主体信用状况的主要指标，尚待市场验证。

第二，数据整合难度大，强相关数据稀缺。互联网企业虽然通过各自产品和服务间接获取了多元化的数据，但很多数据资源均来源于公共事业机构和垄断性国企。类似于移动通信协议用户的缴费记录、公共事业费的缴费记录等公共事业部门的数据，不仅是对互联网征信企业公关能力的考验，还包括能否利用手中的核心资源换取公共事业部门的数据，实现双赢的效果。而金融交易数据大多数掌握在国有机构手中，即传统金融机构、运营商以及税务、公安、法院等政府公共部门，包括芝麻信用在内的多家首批试点的民间个人征信机构，都面临着难以获取全面数据的困境。

第三，数据采集和使用未遵循"独立第三方"基本原则。传统征信坚持独立第三方征信原则，征信机构是"市场中立"的——既不与信息提供者或信息使用者有直接的商业竞争关系，也不介入或影响信息提供者或信息使用者在各自细分市场的竞争。而大数据征信突破"独立第三方"的边界，征信机构数据的采集和使用多源于并应用于自身开展的业务，这样征信报告的有效性得不到保障，公信力备受质疑。而且如果信息提供者或信息使用者控制征信机构，也很难约束其不滥用征信数据，或者损害个人征信权益。另外，征信机构无形当中会获取一定的市场影响力，可能扭曲信息提供者和信息使用者的行为，并对收费有操控力。因此，大数据征信的发展应坚持"独立第三方"征信基本原则，保持"市场中立"。

第四，隐私保护形势日趋严峻。大数据时代，数据挖掘和抓取技术广泛应用，信用主体全方位信息数据得以被全盘收录，海量信息数据的收集给信用主体隐私带来巨大挑战，隐私防护变得更加困难。比如用于特定场合的信息数据被用于其他商业用途，不同机构之间信息数据的交叉验证使隐私侵犯的风险大大增加。此外，存储在云端的大量数据可能会成为黑客攻击的目标，一旦黑客入侵系统，窃取重要的用户信息，造成数据的丢失或损坏，将会给用户带来无法估量的损失。

（二）国内大数据征信的主要模式

互联网大数据征信模式以互联网企业为核心，融合多种资源和数据展开征信业务。根据互联网企业的核心业务，可将互联网征信细分为电子商务平台征信、支付业务征信、网络信贷征信、社交平台征信等。

1. 电商平台征信模式

电子商务平台模式的大数据征信是以电商平台交易数据为基础的征信采集模式，比较典型的例子是阿里集团旗下的芝麻信用。

芝麻信用，是蚂蚁金服旗下独立的第三方征信机构。芝麻信用基于阿里巴巴的电子商务交易数据和蚂蚁金服的互联网金融数据，并与公安网等公共机构以及合作伙伴建立数据合作，与传统征信数据不同，芝麻信用数据涵盖了信用卡还款、网购、转账、理财、水电煤气缴费、租房信息、住址搬迁历史、社交关系等等。芝麻信用通过分析大量的网络交易及行为数据，可对用户进行信用评估，这些信用评估可以帮助互联网金融企业对用户的还款意愿及还款能力做出结论，继而为用户提供快速授信及现金分期服务。

早在21世纪初，阿里巴巴就推行"诚信通"计划，通过身份认证、客户反馈等信用数据形成可视化的信用评分建立了企业会员信用体系。设立第三方支付平台——支付宝，对资金进行监控和管理，解决资金纠纷隐患。阿里巴巴旗下淘宝、天猫也同时获得了卖家的商品交易量、商铺活跃度、用户满意度等数据。阿里小贷依托阿里巴巴集团的电商平台交易数据，积累了庞大的客户群体，也在原有电商数据基础上增加了信贷业务的数据。

芝麻信用评分系统正式上线，其数据来源包含五个维度——信用历史、行为偏好、履约能力、身份特征、人脉关系。信用历史，是指过往的信用账户还款记录和信用账户历史；行为偏好是指在购物、缴费、转账等活动中的偏好和稳定性；履约能力是指使用各类信用服务并确保及时履约；身份特征是指在使用相关服务时留下的丰富和可靠的个人基本信息；人脉关系是指好友的身份特征以及与好友的互动程度。用户在这五大维度的成绩体现在图像上，具有一定警示作用，可根据自身情况调整相关行为，实现不断提升芝麻分的目的。

电商模式的大数据征信，需要征信企业将自身业务的营销与互联网征信相结合，提高电子商务平台业务的用户黏性和使用率；同时，通过提供定制化的征信产品和服务，包括偿债能力预测、收入预测等风险评估产品，扩展征信的应用场景，为社会经济发展服务。目前，芝麻信用已开放五大模块功能，包括出行、住宿、金融、购物和社交，提供免押金租车、免押金入住、借款、分期等服务。

2. 支付平台征信模式

第三方支付拥有大量的支付交易记录，特别是贷记卡交易对个人信用水平的评估具有十分重要的意义，支付平台开展征信业务的优势显而易见。

第三方支付公司不同于电子商务企业，它的数据种类较为稳定和单一，主要包括两类：其一，是商户信息，包括订单信息、买方身份信息、送货信息等；其二，是交易信息，包括支付方式、支付金额等。因此，支付公司具备了互联网征信的基础数据和资源，与电子商务平台的大数据相比，这些数据资源更具逻辑性和结构性。

3. 社交平台征信模式

社交平台积累了大量用户的场景信息记录，包括用户的基本信息、朋友圈、兴趣爱好、生活与工作区域、交通信息等，特别是目前一些规模较大的社交软件还建立了支付平台，各种线上线下丰富的支付场景记录，为建立大数据征信提供了海量数据资源。社交平台征信模式的主要代表是腾讯征信。

腾讯征信是首批经人民银行批准开展征信业务的机构之一，专注于身份识别、反欺诈、信用评估服务，帮助企业控制风险、远离欺诈、挖掘客户，切实推动普惠金融。

腾讯凭借 QQ、微信、财付通、QQ 空间、腾讯网、QQ 邮箱等多种服务聚集了海量的个人用户，腾讯开展个人征信业务无疑具有极大的优势。这些用户大部分在人民银行个人信用信息基础数据库中无记录或者记录很少，但是用户在腾讯体系留下大量有价值的信息，凭借在人群覆盖、用户活跃及产品特点上的显著优势，依托社交、支付、金融、社会等多维度数据综合评估，通过海量数据挖掘和分析技术来预测其风险表现和信用价值，为其建立个人信用评分，并能通过实时监控，更为有效地判断出用户的还款意愿和违约概率。

腾讯信用评分及报告来自腾讯社交大数据优势，全面覆盖腾讯生态圈十来亿活跃用户，通过先进大数据分析技术，准确量化信用风险，有效提供预测准确、性能稳定的信用评分体系及评估报告。个人用户不但可以查询个人信用报告，还可以提高和完善自身信用情况，形成良性循环；对于银行等商业机构而言，该信用评分体系可以与自有体系形成交叉比对，帮助机构更准确地对用户个人信用做出判别，挖掘更多价值用户。多家金融机构实用验证证明，腾讯信用评分体系预测效果适用于银行，且评分性能稳定。除了信用评分外，腾讯征信的产品还有人脸识别技术、反欺诈核查产品等，主要服务对象是银行/保险等机构，能帮助企业识别用户身份，发现恶意或者疑似欺诈客户，避免资金损失。

（三）构建中国特色大数据征信体系

央行下发《关于做好个人征信业务准备工作的通知》，腾讯征信（微信）、芝麻信用

（支付宝）、前海征信（平安）等8家单位参与了央行组织的个人征信试点。通过试点，国内个人大数据征信领域取得了较大进展，初步建立了电商平台、社交平台、支付结算等领域的个人征信数据库，但不同领域的数据仍未能有效共享，"数据孤岛"问题较为突出，征信机构之间的数据存在隔阂。

中国互联网金融协会发起设立"信联"个人信用信息平台，由互金协会与首批8家试点机构共同出资10亿元注册成立"百行征信"。"信联"的组建参与机构具有非常丰富、稳定并可持续获得数据的入口，通过这些丰富的数据，可以对用户进行精准的定位。百行征信主要在银、证、保等传统金融机构以外的网络借贷等领域开展个人征信活动，与人民银行征信中心运维的国家金融信用信息基础数据库形成错位发展、功能互补的市场格局。组建百行征信有利于共享个人征信信息，化解信息孤岛的困局，缓解个人征信产品有效供给不足的问题；有利于防范系统性金融风险，有效遏制"过度多头借贷"等乱象，促进互联网金融行业的健康有序发展；有利于贯彻个人信息隐私权益保护原则，防止个人信息被过度采集、不当加工和非法使用。

第二节 支付与清算体系

一、现代支付体系的架构

（一）支付体系概述

支付是商品或劳务的转移以及债务的清偿过程。根据国际清算银行支付与结算委员会的解释，支付是付款人对收款人进行的当事人可以接受的货币债权转让。支付的形式随着商品发展与技术进步的改变而发生改变，主要经历了三个阶段：实物支付、信用支付和电子支付。实物支付最初表现为物物交换，后来由充当一般等价物的金银，在支付过程中相当于其实物本身的价值。信用支付是以政府信用背书的现金货币进行的支付，使用方便，适合小额交易。电子支付则是基于计算机和网络技术的支付系统进行的支付行为，特别是随着互联网技术的发展，电子支付促使了支付发生重大变革。

电子支付包括交易、清算、结算三个标准化过程，支付体系就是为保证这个过程的完整实现的一系列法规制度、相关基础设施的有机整体，包括支付系统、支付工具、支付服务组织和支付系统监管。

支付体系作为我国的核心金融基础设施，是金融业乃至整个国民经济运行的基础。

(二) 现代支付体系的构成

近年来，我国支付服务市场快速发展，支付服务供给日益完善和丰富，形成以人民银行为核心、银行业金融机构为基础、特许清算机构和非银行支付机构为补充的多元化支付服务组织，支付服务市场的专业化分工不断细化，支付服务的能力、效率和质量不断提升。同时，我国金融交易后续服务主体不断健全，通过证券登记结算系统、中央对手等金融市场基础设施，为金融交易提供集中清算、结算、记录和托管等高效服务。

我国已经形成了以中国人民银行大小额支付系统为核心、银行业金融机构行内支付系统为基础、其他支付系统共同组成的支付体系，初步建成了世界领先的现代化支付体系。

我国现代化支付清算系统包括四个层次：一是央行支付系统：包括大额支付系统、小额支付系统、全国支票影像支付系统、跨境人民币支付系统等。二是商业银行行内支付系统，包括政策性银行、商业性银行及农村信用社行内业务系统。三是银行卡清算系统，包括中国银联、中国网联，其中银联主要是商业银行跨行支付与清算服务，中国网联则主要为第三方支付公司提供银行资金的清算服务。四是金融市场支付清算系统，包括中央国债登记结算系统、全国银行间外汇交易系统、中央证券登记结算系统等。

二、央行支付系统

由中国人民银行清算总中心作为主体建设、运行和管理的中国现代化支付系统（CNAPS），是我国金融市场基础设施的重要组成部分。经过多年的发展，我国已经逐渐形成以 CNAPS 为核心的多元化支付清算体系，并在人民银行的统一组织下建立了较完善的制度框架，覆盖全国所有银行机构及绝大部分非银行金融机构、农村金融机构、特许清算机构及债券、外汇等结算组织。

(一) CNAPS 的发展历程

20 世纪 90 年代之前，我国支付结算业务基本依靠手工处理，资金在途时间最长可达半个月，严重制约了经济社会发展。中国人民银行组建清算总中心，负责建设、运行和管理电子联行系统。金融卫星通信专用网和全国电子联行系统的建成运行，使资金在途时间缩短为三天，标志着中国支付清算工作开始进入电子化、信息化和网络化时代。

人民银行适时做出"调整定位、借鉴吸收、完善需求、以我为主，加快中国现代化支付系统建设"的重大决定。作为 CNAPS 的核心系统——大额支付系统（即中国的 RTGS 实时全额清算系统）率先在北京、武汉两地投产试运行。伴随着参与机构清算账户合并上收到省级，全国电子联行系统完成了历史使命，退出生产序列。

随着经济金融活动对支付清算服务需求的快速增长，CNAPS 也进入快速发展时期，小额支付系统、支票影像交换系统、境内外币支付系统、电子商业汇票系统等多个清算业务系统先后上线运行，满足了不同时间、金额、币种的跨行清算和使用多类支付工具进行资金结算的需求。

中国人民银行要求清算总中心启动第二代 CNAPS 建设。网上支付跨行清算系统作为第二代 CNAPS 首先投产的业务系统，在上线运行大额支付系统、小额支付系统。银行以法人为单位以"一点接入、一点清算"模式接入第二代 CNAPS，商业银行的各个分支机构均可使用本行统一的清算账户实现资金结算，支付清算效率和银行资金使用效率得以大幅提高，银行流动性状况普遍得到大幅改善，风险控制更加有效。

（二）安全高效的支付清算服务

CNAPS 由 7 个不同的业务系统组成，共同为银行金融机构和金融市场提供快速、高效、安全、可靠的支付清算服务。

大额实时支付系统的支付指令逐笔实时发送、全额清算，一笔跨行的支付业务不到 1 分钟即可到账，系统服务于参与机构即时转账和资金清算业务。

小额批量支付系统的支付指令批量发送，轧差净额清算资金，为全社会提供了低成本、大业务量的支付清算服务，有力地支持了支票资金清算，方便了代发工资、水电费集中收付等社会公众性金融服务。

网上支付跨行清算系统主要处理 5 万元及以下的网上支付、移动支付等新兴电子支付业务，可实现跨行账户信息查询及资金归并。

境内外币支付系统主要为国内商业银行提供外币清算服务，目前开通了港元、英镑、欧元、日元、加拿大元、澳大利亚元、瑞士法郎和美元 8 种货币支付业务，基本满足了国内对多币种支付的需求。

电子商业汇票系统包括电子商业汇票货币给付与资金清算、纸质商业汇票登记和查询，以及商业汇票公开报价等服务。

人民币跨境支付系统（一期）为境内外金融机构人民币跨境和离岸业务提供资金清算、结算服务，采用实时全额结算方式支持跨境货物贸易和服务贸易结算、跨境直接投资、跨境融资和跨境个人汇款等业务。

在人民银行的指导下，CNAPS 整体运行规范有序、业务处理高效，逐渐形成了一套较完备的制度框架体系。CNAPS 的清算账户是各商业银行在人民银行开立的法定存款准备金账户。第二代 CNAPS 上线后，所有资金清算均通过法人机构单一清算账户完成。近年来，为适应第二代CNAPS运行后的管理要求，中国人民银行先后修订、完善中国人民银行支付系统参与者监督管理、运行管理、数字证书管理、业务处理、危机处置预案等制度办法，明确了参与者加入或退出央行支付清算系统、参与者各项职责和义务、各系统业务处理的流程、运行维护、风险事件的处置流程和程序，进一步完善了支付体系制度框架。

（三）未来发展与展望

经过多年发展，CNAPS较好地适应了中国经济、金融、科技的发展，特别是在系统开发建设和运维管理体制机制方面取得了长足的进步。CNAPS系统的建成，在畅通货币政策传导机制、加快社会资金周转、优化社会资源配置、维护金融稳定并促进经济增长、满足城乡居民需求方面发挥着日益突出的作用。CNAPS数据中心基础设施建设达到了国家标准定义的最高机房标准（A级）；计算、存储、网络均采用高可用架构设计，数据中心具备"双活"运行能力，部分业务可以实现"一键切换"；拥有因地制宜的城市处理中心（CCPC）备份网络，采用了同城备份、同城转接、集中备份等多种备份方式和策略，来确保系统的安全稳定和数据的安全完整；利用业界主流的技术及产品，将各个独立系统的相关功能进行筛选、集成及优化，形成优势互补的有机整体。

作为世界上体量最大的央行清算平台，确保全国各家商业银行资金数据的完整性，规避风险、确保安全是CNAPS必须始终放在首位的目标。在保证安全的基础上，致力于提高自身研发水平，树立市场化的竞争意识，依靠创新不断提高效率。在持续优化服务、夯实现有市场的基础上，主动转型，在IT架构调整、数据中心布局、大数据分析、云计算等方面加强研究，不断提升系统的安全性、可靠性和可用性，巩固CNAPS的核心地位。

三、银联卡支付与清算服务

（一）中国银联

1. 中国银联的发展

中国银联是经国务院同意，中国人民银行批准设立的中国的银行卡联合组织，总部设于上海。该公司采用先进的信息技术与现代公司经营机制，建立和运营全国银行卡跨行信息交换网络，实现银行卡全国范围内的联网通用，推动我国银行卡产业的迅速发展，实现"一卡在手，走遍神州"，乃至"走遍世界"的目标。

为了促进银行卡的联网联合，我国启动了"金卡工程"，陆续建立了多个城市银行卡交换中心和一个总中心,部分实现了当地城市的同城跨行通用和部分城市之间的异地跨行通用。经国务院同意,中国人民银行组织各商业银行,在合并原有银行卡信息交换中心的基础上,成立了中国的银行卡联合组织(简称中国银联),开启了我国银行卡产业联合发展的新篇章。中国银联,是我国支付服务市场的特许参与者,其成立标志着"规则联合制定、业务联合推广、市场联合拓展、秩序联合规范、风险联合防范"的产业发展新体制正式形成,从此我国银行卡产业开始向集约化、规模化发展,进入了全面、快速发展的新阶段。

作为中国的银行卡联合组织,中国银联处于我国银行卡产业的核心和枢纽地位,对我国银行卡产业发展发挥着基础性作用,各银行通过银联跨行交易清算系统,实现了系统间的互联互通,进而使银行卡得以跨银行、跨地区和跨境使用。在建设和运营银联跨行交易清算系统、实现银行卡联网通用的基础上,中国银联积极联合商业银行等产业各方推广统一的银联卡标准规范,创建银行卡自主品牌;推动银行卡的发展和应用;维护银行卡受理市场秩序,防范银行卡风险。通过银联跨行交易清算系统,实现商业银行系统间的互联互通和资源共享,保证银行卡跨行、跨地区和跨境的使用。

2. 中国银联的运作模式

中国银联成立,创立了银联卡,提供了对于收单机构和发卡机构之间的跨行清算服务和代替收单机构针对商户和收单专业化服务机构的收单清算服务。银联卡成为了连接不同银行之间支付清算体系的桥梁。消费者只需拥有一张银联卡就能在全国任何拥有POS的机构消费。国内的刷卡消费方式,也从之前的城市内部互通、各个银行的POS之间无法兼容,发展到只要拥有带有银联标识的银行卡就可以在国内任何有POS机的机构采取刷卡消费。

(二)商业银行支付变革

1. 商业银行支付焕然新生

"存、贷、汇"是传统商业银行的三大业务,其中的"汇"则是泛指当前的支付清算服务。随着科技进步,中国的支付行业经历了网银支付模式、支付平台模式,移动支付、近场通讯功能支付(NFC)等跟随互联网发展而开发出来的新型支付模式方兴未艾,第三方支付平台快速崛起。在此背景下,传统商业银行支付服务也在不断发展。

一是构建灵活开放的账户体系。统一的账户体系是互联网金融平台发展的重要基础,商业银行可以立足现有账户体系及创新Ⅱ类、Ⅲ类账户应用,整合包括第三方支付在内的多种支付形态,构建开放、融通的支付结算平台。账户可以打通商业银行及其子公司已有账户,链接他行卡,以及账户系统中资讯类的账号信息,记录客户的存款信息、理财信息、交易信息等。

二是要划分账户模块，拓展应用场景。账户模块包含客户基本信息，行为模块包含除账户模块以外的客户可应用的全部场景、系统交互等。应用场景包括理财、保险、缴费、消费、贷款、资讯等。利用Ⅱ类账户，配合商业银行自有互联网支付渠道，为客户电子商务、社区生活、线下支付等各类消费场景提供服务，并不断拓宽支付场景；利用Ⅲ类账户在小额多频次、对效率要求极高的支付场景即时获客，实现更多场景的获客覆盖。账户体系将支付创新及场景应用融入其中，贯穿于服务全流程，最终实现通过场景牢固客群、影响客群、培育客群的新型支付习惯，构建线上客群支付生态。

三是加快推进移动支付。移动支付是智能手机发展的必然结果，线下支付的场景不断更新，逐步实现线上线下联动。随着用户线下移动支付习惯的进一步培养，线下扫码支付规模将迎来进一步的增长。

四是商业银行与第三方支付竞合发展。商业银行为第三方支付提供清算服务，第三方支付也增加了线上银行卡的使用频率。商业银行相较于第三方支付平台，具有在大额支付上的不可撼动的优势，同时因历史原因具有更好的安全性和稳定性，部分功能无法被第三方支付机构取代。商业银行可以充分发挥自身的风控优势，直接再造互联网支付链，从构建联通内外的用户体系开始，以移动支付为重点，推动自身网上银行、手机银行的创新转型。

2. 移动支付创新之"云闪付"

在人民银行指导下，中国银联联合多家商业银行发布了移动支付新品牌"云闪付"。"云闪付"运用近场通信（NFC）、卡模拟（HCE）和支付标记化（Token）等技术，将实体银行卡映射在手机等智能设备上，同时支持近场非接支付与远程支付，不仅包括银联与相关机构合作推出的基于HCE的移动支付产品，还包括与银行和国内外手机厂商等合作方共同推出的ApplePay、SamsungPay等各类移动支付服务。

"云闪付"具有以下优势：一是便捷安全的客户体验。"云闪付"通过将实体银行卡映射到手机等智能终端上，将手机等智能终端变成可以随时、随地、随心支付的"银行卡"，操作简便，满足了消费者对便捷、时尚、超值的需求。同时，商户、收单机构以及技术服务商不直接处理卡号，只处理通过严密算法转换的标记号，交易验证上采用多重身份验证机制，相关产品严格遵循国家金融行业移动支付标准，并通过权威机构的相关检测和认证，确保了用户的资金安全和信息安全。二是实现融合发展与资源节约。近年来我国银行卡产业正在经历由磁条卡升级成芯片IC卡、接触式IC卡升级成非接IC卡的重大产业结构升级。"云闪付"模式，可以充分利用我国银行卡产业已有资源，减少商户终端机具的改造，实现金融IC卡与移动支付的融合发展。三是实现产业开放合作共赢。在"云闪付"中，商业银行、非银支付机构和银行卡组织继续扮演其在传统银行卡业务中角色——发卡、受理和转接，共同遵循相关业务规则和技术标准，分别承担各自法定和合约职责。参与合作的手机厂商和通信运营商不拥有支付账户，不介入支付流程，不接触支付数据，仅仅提供手机终端、安全介质和技术支持。同时，"云闪付"仍旧基于银行卡账户，不存在因资金沉淀在虚拟账户带来的金融风险，消费者资金更有保障，支付额度更高，支持交易类型更多，使用更为便捷。此外，商业银行可以获取与传统银行卡支付一致的、透明的、完整的支付信息，有利于风险识别管控和客户关系管理。

"云闪付"的推出引起良好的市场反响，获得产业相关方的广泛认同和积极参与，展现出很好的发展潜力。凭借着庞大的持卡群体和终端优势，"云闪付"在交通、旅游、交易市场、自动售货机、公共服务等领域的应用不断拓展。

3. 移动支付创新之扫码支付

中国银联联合多家商业银行共同宣布，支持持卡人通过银行 App 实现银联"云闪付"扫码支付。联合全国多个知名商圈约十万家商户，使用银联"云闪付"挥卡、手机以及扫码支付均可享受加大折扣优惠的营销活动。银联二维码支付在起步时主要采取付款扫码模式，即由商户提供包含收款账号、商品价格等信息的收款二维码，消费者用手机客户端读取二维码信息，连接支付机构完成支付。

银联二维码采用了 Token 令牌技术，是具备金融安全级别的支付产品，达到了央行和国际的 EMV 标准（国际三大卡组织欧陆卡、万事达卡和维萨卡发起制定的智能 IC 卡标准）要求，EMVCo 的扫码标准也将在近期发布。

凭借低成本和操作便捷的优势，二维码支付在便利店、餐馆、自助售货机、超市等线下零售、消费等小额支付领域广泛应用。二维码支付弥补了其他支付方式在线下小额支付场景中的缺失，推动了线上线下支付的融合，深化了支付对商业生活场景的渗透，增强了支付的灵活性和多样性。

4. 创新移动支付场景

受到互联网公司和第三方平台对市场的挤占，传统商业银行纷纷觉醒，开始跑马圈地，抢占互联网金融的支付渠道。譬如以行内小额支付为主打的建设银行"龙支付"、交通银行"立码付"，以商户、银行客户为主要对象的兴业银行支付平台"钱e付"，雄心勃勃与各大电商联姻的招商银行"一网通支付"等等。在传统商业银行大张旗鼓反攻支付体系的同时，也有互联网公司的战略合作和转型重塑。比较典型的案例有：

一是建设银行"龙支付"。"龙支付"是建设银行推出统一的支付品牌，该品牌整合现有网络支付、手机支付、移动支付等全系列产品功能，包含建行钱包、全卡付、建行二维码、龙卡云闪付、随心取、好友付款、AA 收款、龙商户等多个版块。"龙支付"的使用对象拓展到了全体大众，没有建行账户的客户，开通"龙支付"就相当于开立了一个建行的Ⅱ类账户。

二是交通银行"立码付"。交行手机银行以及信用卡客户端"买单吧"推出的"立码付"业务，为收付款双方通过二维码或条形码方式发起资金划付，适用于出租车、菜场、水果店、外卖、快递、AA收款、大中型连锁商户等支付场景，可以实现个人与个人、个人向商户之间快速资金划付。

三是兴业银行"钱e付"。兴业银行的新支付产品"钱e付"将支付宝、微信支付、QQ钱包、掌柜钱包等市场上主流移动支付方式集成并提供给银行及其合作商户。该平台将主要使用对象拓宽到了兴业的银银平台合作银行，中小银行支付无需与支付宝、微信支付等逐一议价、对接系统，节约了其IT建设和维护成本。

四是招商银行"一网通"。从2016年开始，招商银行的"一网通"不仅将招行客户的账户浓缩为用户，同时开发了新的"一网通支付"，支持用户绑定多家银行的银行卡进行移动支付。"一网通"对接滴滴出行、国美在线、饿了么、优酷等大型商户，主动引入支付场景，覆盖受众广泛。

五是工商银行与微信二维码互认互扫。工商银行二维码支持微信支付、银联二维码及主要第三方支付二维码产品，开展聚合支付收单业务。工商银行正式推出工银二维码支付，支持主扫和被扫两种模式，主扫模式支持的平台包括融e行、融e联、工银e生活和微信，而被扫模式则支持融e行、融e联及微信。

四、非银行支付机构发展

（一）中国网联

1. 中国网联的成立

随着支付服务主体的多元化，第三方支付产业作为新兴支付主体，逐渐兴起并蓬勃发展。人民银行出台《非金融机构支付服务管理办法》，允许符合规定的支付机构（称为非银行支付机构）提供网络支付、预付卡的发行与受理、银行卡收单等支付服务，支持其利用现代信息技术开展业务创新，引导其加强内部管理，推动其更好地适应市场竞争。非银行支付机构成为支付服务市场的重要补充，极大地丰富了零售支付方式，激发了市场活力，便利了居民的日常支付，有效支撑了电子商务发展，在支持"改善民生、促进消费、扩大内需"方面发挥了积极作用。

在第三方支付蓬勃发展的同时，其与商业银行直连的模式也存在较大的资金监管漏洞。直连模式是指第三方支付机构直接和银行系统进行连接，非银行支付机构在实际操作中承担了清算职能，与商户、资金托管银行共同构成新的三方模式，完成整个支付过程。直连模式下，支付机构只需在内部轧差之后，调整不同银行账户的金额，就完成所有支付交易的流程。在这个过程中，支付交易的具体信息只会留存在支付机构内部，而监管机构只能够看到支付机构在各家银行账户上的资金变动，无法有效监管支付过程中的违法违规现象，容易产生金融风险。

在这种背景下，为进一步规范非银行支付机构的经营行为，促进支付清算市场有序发展，人民银行牵头启动支付机构网络支付清算平台（以下简称网联）建设，为非银行支付机构提供统一的资金清算服务，改变现有的非银行支付机构与众多银行机构直连的现状。网联建设工作顺利完成，进入试运营阶段。央行支付结算司向下发了《关于将非银行支付机构网络支付业务由直连模式迁移至网联平台处理的通知》，支付机构受理的涉及银行账户的网络支付业务全部通过网联平台处理。同时，各银行和支付机构应完成接入网联平台和业务迁移相关准备工作。这意味着第三方支付直连时代彻底终结，网联时代正式开启，第三方支付平台业务将全面纳入央行支付监管的范围。

2. 中国网联的运作模式

网联平台在第三方支付业务中承担独立、集中的清算职能，改变了第三方支付机构内部轧差后在不同银行账户间直接调整差额的模式，即改变了第三方支付机构在不同银行开立账户并自主完成跨行清算的情况，有效防范第三方支付机构直连银行模式带来的风险。更重要的是，网联平台是央行牵头成立的中介平台，有助于监管机构了解第三方支付资金流向等详细信息，及时地进行监管。

3. 中国网联的影响

中国网联平台建成投入运行后，央行可掌握更多的金融数据，有利于加强非银行支付机构的监管。一是掌握了更多非银行支付机构资金交易和清算的数据，积累到一定量数据后，可以对接和完善央行的征信系统数据；二是通过风险检测，可以防范和处理违规风险。

网联平台为第三方支付机构提供统一、公共的支付清算服务，节约了连接成本，提高了清算安全性。尤其是对于一些中小型的支付机构来说，减少了对接不同银行的费用支出，也提升了其风险防范能力。同时，第三方支付机构的备付金将由网联统一托管管理，备付金管理将更加透明。

银联与网联的支付业务或将面临更激烈的竞争。在推出网联平台之前，第三方支付机构资金划转往往绕开银联，可以直接通过用户绑定银行卡的开户银行划钱给商户，并把清算费直接交给该银行，从而绕开了银联通道。推出网联平台后，从线上到线下，双方形成了一定的竞争关系。

(二) 非银行支付机构发展

1. 非银行支付机构异军突起

电子商务的兴起与发展催生了我国的第三方支付产业，使其成为零售支付市场的新生力量。第三方支付产业充分发挥市场反应灵敏、机制灵活等优势，与商业银行共同为社会经济生活提供了丰富多样的零售支付产品，有效满足了社会公众的个性化支付需求。

第三方支付服务，又称为非金融机构支付。根据央行在《非金融机构支付服务管理办法》中给出的非金融机构支付服务的定义，第三方支付是指非金融机构作为收、付款人的支付中介所提供的网络支付（包括互联网支付、移动支付、固定电话支付和数字电视支付）、预付卡、银行卡收单以及中国人民银行确定的其他支付服务。其中银行卡收单、互联网支付和移动支付三种支付模式在第三方支付中占据主导地位。

第三方支付经历了从自由无序到逐步规范的发展过程，与电子商务的发展历程遥相呼应。20 世纪 90 年代末，电子商务开始在我国出现。尽管网上银行已经有所发展，但由于各个银行的业务处理标准并不统一，电子商务企业只能分别与各个银行机构进行对接，受众范围受到很大限制。20 世纪 90 年代末，有银行之外的机构开始为电子商务企业提供支付服务，被称为"第三方支付平台"。第三方支付平台发挥专业化优势，一边对接电子商务企业，一边连接多家银行，解决了电子商务企业与银行的联通问题，疏通电子商务的支付通道。21 世纪初，淘宝网推出"担保交易"，以虚拟账户作为中间过渡账户，先行接收客户通过各种渠道转入的资金，并在交易完成后转给卖方。第三方支付平台开始介入到支付交易过程中，成为支付交易的其中一方，并逐步演变为基于支付账户的网络支付方式。第三方支付平台推出"快捷支付"，根据客户事先授权直接从其银行账户中扣划资金，免去了每次转接银行核验密码的重复操作，大大提高了支付效率，使网络支付得以在线下小额支付领域广泛应用。

人民银行发布《非金融机构支付服务管理办法》，正式将从事网络支付等支付业务的非金融机构纳入规范化管理框架，使众多第三方支付平台告别了无法可依、无序经营的发展状态，成为我国支付体系中的重要组成部分。

2. 电商时代催生第三方支付

互联网发展带动线上交易场景出现，电子商务时代到来。互联网在国内得到快速的发展，基于互联网的线上小额度、大批量交易场景需求开始出现，国内支付行业迎来电子商务时代。但线上买方与卖方之间缺乏信任，同时交易量的不断攀升，对银行的清算工作带来了很大的压力。淘宝网推出了"支付宝"担保支付模式，并喊出了"你敢付，我敢赔的口号"。所谓"担保交易",是指买家在下订单之后,将钱先打入一个淘宝网在银行的对公账户,淘宝网收到买家的付款信息后,通知卖方发货,在买家收到货物并确认货物与描述相符时,淘宝网才会将钱打给卖家。由此,第三方支付应运而生。

支付宝提出虚拟账户概念,促使银行将人工清算改进为电子清算,确立第三方支付模式。虚拟账户的概念是支付宝的一个创新性的提案,通过虚拟账户,用户可以将钱由网上银行转入支付宝虚拟账户直接进行消费,而所有的转账信息都以电子的形式传递给银行,银行不需通过票据来手动对账清算,这变相促进了银行电子清算体系的建成。银行清算压力得到大幅度的缓解,虚拟账户的模式也得到了诸如财付通等第三方支付机构的青睐,正式确立了第三方支付的模式。虚拟账户深层次的意义在于,用户会产生用户黏性,同时用户的消费行为数据得以沉淀,这为无现金支付的发展打下基础。

3. 移动时代支付变革

智能手机时代,交易场景移动化,促进了移动支付的诞生与发展。2014年支付宝公司推出了扫码支付,使得移动支付便捷性和低成本的特点得到了进一步的体现,只需通过付款码、收款码和一台能联网的智能手机即可完成支付。二维码作为一种低成本、操作简单的媒介能完美取代传统POS的作用,虽然由于安全性等问题,被央行叫停,但经过两年的等待,二维码支付的地位得到了央行的认可和推广。

各种线下生活场景,如与消费者的日常吃喝玩乐相关的小额度、大批量支付,成为了移动支付渗透的绝佳入口。

微信支付异军突起。微信支付通过"微信红包"一夜走红,充分利用了QQ和微信中建立的社交平台,迅速渗透到各种线上线下场景支付中,成功打破了支付宝一方称霸的格局。

通过阿里巴巴与腾讯之间激烈的资本比拼,更加凸显了线下经济的规模之大,而通过这样的比拼,毫无疑问更是推动了移动支付的发展。

4. 第四方支付的诞生——聚合支付

在各种第三方支付工具遍地开花的今天,纷繁不一的支付方式给消费者的消费造成一定的困扰,同时支付场景的碎片化也给商户的运营管理造成一定的不便。因此,应支付痛点而生的聚合支付作为连接第三方支付机构和商户的第四方悄然兴起,整合各种主流支付渠道,解决了支付场景碎片化的问题,一方面方便了商户、消费者的收付款,另一方面也可以帮互助第三方支付机构扩张支付场景覆盖领域。

聚合支付是指只从事支付、结算、清算服务之外的"支付服务",借助银行、非银机构或清算组织的支付通道与清结算能力,利用自身的技术与服务集成能力,将一个以上的银行、非银机构或清算组织的支付服务,整合到一起,以此减少商户接入、维护支付结算服务时面临的成本支出，提高商户支付结算系统运行效率的，并收取增值收益的支付服务。

移动支付场景的丰富化象征着聚合支付能够融合的支付场景也越来越多，包括公共缴费、信用卡缴费等都是未来聚合支付的潜在市场，同时移动支付产品遍地开花，谋求更多支付通道的整合也是聚合支付未来发展的方向之一，只有做到能容纳更多的支付工具，才能把零碎的支付数据收集起来，构造出更加完善的数据库，为聚合支付公司未来开展衍生业务有着更加全面科学的数据支持。

当前，聚合支付作为支付通道的入口，主要是解决支付场景碎片化的市场问题和积累支付数据构建相应数据库。未来，聚合支付将作为移动支付的下一个产业风口，在强大的数据背景和央行政策的支持下实现数据变现，其增值业务有巨大的发展空间和潜力。

（三）第三方支付的价值延伸

在当前越发严苛的支付市场中，基础支付服务利润一再被稀释，增值业务的开展无疑是支付公司新的利润增长点。目前行业内的增值业务包括金融增值业务，如信贷、理财等，商业增值业务，如营销、会员管理等，技术增值业务，如金融科技输出等。

1. 消费金融

第三方支付的金融增值服务开展是在构造支付金字塔顶端的高价值服务，其重要支撑点是支付服务过程中所积累的支付数据的分析：支付及支付相关机构通过为商家提供支付中介服务或者支付设备服务，可以从支付服务中获得相应的支付数据，通过对海量的支付数据进行多维度分析，得出消费者相关的基本信息、人生轨迹、生活方式等等，并在此基础上进一步进行数据挖掘，刻画用户画像、征信情况以及企业的营销方向，真正实现消费金融向长尾客户的渗透。

长尾市场的巨大商机，吸引各大机构争相挖掘。依托支付宝和淘宝平台的庞大数据，蚂蚁金服率先发力，形成了以电商为特色的个人信用体系，目前已覆盖银行业务、旅游、公共交通、房屋租赁等多个领域。其旗下的微众银行、蚂蚁花呗通过芝麻信用，从不同维度对长尾用户进行评级，为不同等级客户提供消费信用服务。京东支付平台依托京东商城和京东金融平台，推出的京东白条从线上走向更广阔的线下应用场景，抢滩细分领域市场，包括租房、旅游、教育、装修等。第三方支付平台通过增值服务，促使消费金融的市场规模迎来跨越式发展。

2. 财富管理

第三方支付的衍生价值还在于改变面向中等富裕和中产及以下人群的财富管理稀缺的

现状。传统的财富管理是指投资顾问以服务高净值客户为核心，为其提供全面的金融理财服务，如现金管理、投资组合构建、风险管理和税务筹划等。由于专业理财顾问稀缺，且服务半径有限，只有为财富规模较高的客户服务，才能对冲成本。

余额宝是支付宝旗下的余额增值服务和活期资金管理服务产品，余额宝对接的是天弘基金旗下的货币基金，特点是操作简便、低门槛、零手续费、可随取随用。除理财功能外，余额宝还可直接用于购物、转账、缴费还款等消费支付，是移动互联网时代的现金管理工具。目前，余额宝依然是中国规模最大的货币基金。余额宝的出现，一方面满足了居民日益增长的资产配置需求，对现有的投资产品是一个很好的补充；另一方面也提高了理财收益，降低了理财门槛，更唤醒了公众的理财意识。

3. 金融科技输出

当前，适合我国支付企业全球化拓展模式主要有两种：一是进行战略性投资。相比于其他国家而言，我国的移动支付行业是具备成熟优势的，通过入股扶持国外本土支付企业实现技术与经验的输出，在不断从获得的国外资源基础上发展自身的海外移动支付业务，打造国外的本土化支付。目前，支付宝已经在印度、泰国、菲律宾、印度尼西亚、新加坡、韩国、马来西亚等7国实现商业模式的输出落地。蚂蚁金服与泰国领先的支付企业Ascend Money签订战略合作协议，帮助Ascend Money建立类似支付宝的电子钱包平台。二是乘旅游、游学、海淘之大潮，与国外较为热门的商家进行合作，向其推行支付服务，建立全球化商户支付网络。支付宝可以在欧美、日韩、东南亚等多个国家和地区使用，在24个国家提供消费退税服务。数十万线下商家支持支付宝付款，涵盖餐饮、超市、百货、便利店、免税店、主题乐园等热门消费场景。

第三节 数字货币

一、数字货币概述

（一）数字货币的概念

基于区块链的比特币，为金融科技的创新提供了重要的技术和应用支持，受到了越来越多的人的重视和追捧。数字货币（Digital Currency）通常是指依靠密码技术和校验技术来创建、分发和维持，以电子媒介形式存在于互联网环境中的密码货币。数字货币与电子货币有着本质的区别。电子货币（Electronic Money）是指用一定金额的现金或存款通过使用电子化途径将银行中的余额转移,从而能够进行交易。目前全世界发行有数千种数字货币,比较有代表性的是比特币、莱特币、以太币等。对于数字货币的概念,需要从以下三个方面来界定:

第一,信用机制。数字货币是否是法定货币,决定了其背后的信用机制不同。法定信用货币是由国家法律规定的,强制流通的独立发挥货币职能的货币;加密数字货币的信用支撑,则是某种智能程序"自维系"的"共识信用",仍然存在缺陷和不足。

第二,货币属性。货币是充当一般等价物的职能,交换媒介、价值尺度、支付手段、价值储藏是其最重要的功能。如果其前面的功能不稳定,则货币属性就严重弱化,甚至难以成为严格意义上的货币。比特币等数字货币之所以被诟病,就在于其价值的巨大波动造成的货币功能上的不稳定。

第三,国家权力。货币本质上是一种所有者与市场关于交换权的契约,根本上是所有者相互之间的约定,反映的是个体与社会的经济协作关系。各类法定货币的存在,意味着国家(央行作为代表)在契约关系中发挥绝对主导作用,而加密数字货币,则弱化了主权地位。

正是基于以上原因,目前各国对数字货币的认识存在较大差异,同时一些国家的央行开始研究央行法定数字货币(CBDC)。央行是否为现金提供数字形式替代品的政策决定,在瑞典这样现金流通量下降的国家最为紧迫,但是所有中央银行最终都必须面对发行CBDC是否切合自身需要的抉择。

二、央行法定数字货币

(一) 数字货币受到各国央行重视

数字货币在全球发展的历史较短,但是发展速度较快,许多国家都在进行官方或者民间的尝试,不断总结经验教训。作为货币发行的主管部门,各国央行对数字货币尤为关注。

相比于纸币,数字货币优势明显,不仅能节省发行、流通带来的成本,还能提高交易或投资的效率,提升经济交易活动的便利性和透明度。由央行发行数字货币还保证了金融政策的连贯性和货币政策的完整性,对货币交易安全也有保障。

虽然数字货币的发行方式目前仍在研究之中,但是纸币已被一些专业人士看成"上一代的货币",被新技术、新产品取代是大势所趋。由于中国人口太多、体量太大,发行数字货币的时间表依然没有确定。有人预测,数字货币和现金在相当长时间内都会是并行、逐步替代的关系。

（二）中央银行加密货币 RSCoin

在英格兰银行的建议下，英国伦敦大学研究人员提出并开发了一个法定数字货币原型系统，即中央银行加密货币——RSCoin 系统。RSCoin 系统是有一定典范性的中央银行数字货币原型构想，其核心功能、体系架构、关键实现技术和交易模型对研究中央银行数字货币具有较好的借鉴价值。

比特币底层技术不适用于中央银行发行数字货币的应用场景，这源于比特币内在机制存在的一些问题，主要包括如下方面：一是比特币网络的可扩展性差，无法承载大容量、高速率的货币交易；二是去中心化的货币发行体系，导致中央银行无法对货币供应进行宏观调控，比特币本身的价格极度不稳定，不利于在更大范围、更大规模上的应用，尤其是不利于在主权货币上使用。

针对以上问题，RSCoin 的设计目标是站在中央银行的视角，实现一种受中央银行控制的、可扩展的数字货币，为中央银行发行数字货币提供一套发行流通的参考框架和系列准则。RSCoin 解决方案的核心内容主要有：

一是货币发行可控性。将货币的发行和交易总账的维护分开，采用中心化的货币政策，货币由中央银行统一发行，而交易账本分布式存储，由多个可信的 mintettes（可理解为商业银行）来记录维护，最后由中央银行进行统一对账和管理。简言之，系统总体设计采用了"中央银行—商业银行"的二元分层体系结构，基于区块链技术实现了分层管理的分布式账本；mintettes 由中央银行授权接入系统，中央银行对 mintettes 的行为进行审查，故不需要采用比特币的工作量证明来达成共识。

二是可扩展性。RSCoin 采用了一种称为两阶段提交（Two-Phase-Commit：2PC）的共识机制来进行分布式记账，使得每秒可处理的交易能达到 2000 笔，通过提高 mintettes 的数量，每秒可处理的交易上限还能不断提高，从而实现了系统的可扩展性。

三是通用性。不同央行均可使用 RSCoin 平台发行各自的数字货币。

RSCoin 系统中包含中央银行、mintettes 和最终用户三类角色。中央银行完全控制货币的产生，并通过生成全局账本（higher-level block）向整个系统发布最终交易数据。mintettes 代表央行授权的商业机构，用来收集、核实用户的交易，中央银行对 mintettes 进行授权认证，并定期向整个系统发布授权的 mintettes 列表。mintettes 得到授权后，在某个时间周期内负责维护交易账本，并定期将低层账本交易数据提交到中央银行，由中央银行汇总生成全局账本，并对外发布确认的交易数据。最终用户和央行之间不直接发生信息交互，而是通过 mintettes 这一中间层代为传递，汇总交易记录；央行更多是冲突调解者、最后确认人,以及全局账本确认。

与以往的加密数字货币相比,RSCoin 具有中心化货币发行、分布式账本维护、交易容量可扩展、交易账本可审计的特点,而这些特点正是解决主权货币数字化的重要内容,为各国央行研究和发行数字货币提供了很好的借鉴。但 RSCoin 也存在如下一些不足,主要表现在:

一是 RSCoin 使用二层分布式账本,通过增加 mintettes 数量提高系统的处理能力,但并没有减少总账本的数据量。而对于更为庞大和复杂的系统,总账本的数据量和系统的可靠性及效率之间需要找到一个平衡点,RSCoin 对此仅做了简单的处理,并未深入探究;二是在二层分布式记账方法中,RSCoin 将大量的对账工作交由中央银行来处理,中央银行可能成为系统的瓶颈。同时,中央银行对账以及对账结果反馈给底层 mintettes 的协议还不完备;三是 RSCoin 照搬了比特币记录交易流水的记账模式,没有使用银行业普遍应用的复式记账法。

RSCoin R 是一个概念原型系统,银行接下来的计划是探索在现实世界的应用。George Danezis 在 Github 源代码库中发表了 RSCoin 代码。

(三) 我国央行数字货币体系

1. 中国人民银行数字货币进程加速

中国人民银行已经组建团队研究发行数字货币问题。目前中国人民银行的数字货币以"央行——商业银行"的安排发行已具备条件。综合现有的信息,我国央行研发的数字货币是由央行发行、代表国家信用、中心化、可控匿名、加密的数字化法定货币。

2. 央行数字货币的基本模式

由央行发行的数字货币,因为有国家信用做担保,其本质与流通纸币相同,主要属于现金(M0)范畴,是用以替代现有纸币的数字化货币。其特点:一是与现金货币等值流通,可以互相兑换;二是支持点对点直接支付、借贷或投资,不需要通过任何银行等中间环节;三是央行法定货币由特定密码学与共识算法验证的、可代表具体金额的加密数字串,可储存在数字钱包中,应用于移动终端、PC 终端或卡基上,进入流通及支付环节。用户可以将其如同现金一样存在银行现金账户,获取其流通、支付等功能,也可以将其存放在银行电子账户里,形成电子货币并获取利息。

通过应用密码算法,用户可以用私钥签名进行账户操作,但是也会因为泄露私钥,导致数字资产损失,所以数字货币要在匿名的情况下,实现可追溯和可控的功能。以"数字化"及"中心化"两大特性为基础,利用区块链等技术,央行数字货币除可追踪性外,还将拥有可流通性、可存储性、可离线交易性、可控匿名性、不可伪造性、不可重复交易性、不可抵赖性七大特征。

3. 央行数字货币运行体系

数字货币以密码学与共识算法验证的数字的形式存储在数字钱包中，数字钱包可以应用于移动终端、PC、卡基，最终需要运行在特定的货币网络中，形成独立的运行体系。央行数字货币既可以存储于数字钱包，并运行在特定数字货币网络中进行支付、结算，也可以存入银行电子账户，形成普通存款货币通过银行中介进行支付、获取利息等。

央行数字货币的发行在现有纸币发行基础上，构建以"一币两库三中心"为核心要素的体系架构：

一币是指央行数字货币是由央行发行的，具有强制性和唯一性。央行法定数字货币并没有改变流通纸币的本质及二元体系整体运行框架，只是运送及保存方式上有所改变。

二库是指数字货币发行库和数字货币银行业务库。我国央行发行的数字货币将按照中心化管理原则，构建数字货币与纸币相同的"中央银行——商业银行机构"二元体系搭建。二中央银行与商业银行等金融机构各自建立一套发行库和业务库，中央银行将发行货币调入银行业金融机构，再由银行业务库统一管理业务库货币的投放与回笼。选择二元体系，一方面可以延续当前的货币发行体系，充分利用现有资源，不至于造成货币发行体系混乱；另一方面，可以调动商业银行在法定数字货币使用和推广方面的积极性，在一定程度上分散中国人民银行所承担的风险。

三中心包括认证中心、登记中心、大数据分析中心。认证中心作为系统安全中心的基础组件可对央行数字货币机构及用户身份信息进行集中管理；登记中心记录央行数字货币及对应用户身份，完成权属登记并完成央行数字货币产生、流通、清点核对及消亡全过程登记；大数据分析中心则分析各种交易行为，帮助监管监控货币流通。

终端应用模块主要包括移动终端、客户端、安全模块等。移动终端由消费者与商户持有，集成了通信模块和安全模块，数字货币客户端应用存储在安全模块中，通过移动通信网络与支付平台或其他移动终端连接，亦可以与其他移动终端进行近场交易。

（四）央行数字货币的独特优势

1. 控制货币供给及流通，优化货币政策执行

控制货币供给。经济发行所确定的货币规模对应着全社会商品物资和服务价值足以满足社会交易流通所需的货币。传统货币条件下，国家增发货币的效果并不明显，从近年来国家基础货币供给量（Monetary Base，即印钞量）和流通中现金（M0）来看，实际流通现金大约只有货币发行量的五分之一。相比之下，央行数字货币可以在庞大数据基础的前提下，帮助监管当局根据需要采集不同频率、不同机构的完整真实的实时交易账簿，在特

定时间针对特定人群准确增加供给。理论上，央行数字货币不存在超发的可能，央行可以极有效地控制货币供给，提升货币政策操作的准确性和灵活性。

完善利率传导机制及风险评估机制。央行数字货币的法制性使得它被全社会普遍接受，而基于点对点的支付方式大大提升流通效率必将提高单个金融市场的市场流动性以及不同金融市场间的资金流动性。这将使利率期限结构更平滑，货币政策利率传导机制更顺畅。另外，法定数字货币的可追踪性使得国家监管机构可以通过对账本信息和法定数字货币流通环节的追溯，第一时间全面准确地掌握资金流动情况，追踪资金流向，进而帮助监管当局全面监测和评估金融风险。

2. 全面降低成本，提升货币流通效率

多方面降低货币成本。央行数字货币的出现使得法定货币从造纸、印刷、切割、存储、运送的整套实体货币生产流程全部转换成在服务器中执行的数字运算。央行不再需要印钞而只需创造有对应加密数字的数字货币，商业银行不再需要大额运钞而只需通过云计算空间电子传送。并且，由于整个发行流通过程均通过数字运算完成，货币损耗成本及维护成本也几乎为零。此外，包括密码算法在内多种技术保障下的不可伪造性，央行数字货币的防伪成本也大大降低。据估算，若全部使用数字货币，我国仅单年度降低的包括纸币印制、发行、更换、销毁、银行自动提款机及柜台现金服务、企业商户现金管理成本在内的总成本就将超过千亿人民币。虽然世界各个经济体每年印钞量及货币成本有所不同，但毋庸置疑，央行数字货币的出现定使得货币成本全面降低。

大幅提升货币流通效率。由于区块链技术去中心化的特征的存在，央行数字货币可通过这项技术打造点对点的支付方式，支付清算过程的实现不再需要第三方清算机构或者支付中心，具有全天候支付、即时到账、提现容易且没有隐形成本等多个优势。使用央行数字货币后，企业及个人的日常支付将更加便捷，支付清算费用大大降低，这将大幅提升货币流通效率。以数字票据为例，其清算过程无须中介也无须背书，作为数字货币先行者一旦率先落地，将大幅增加企业划款的及时性，降低企业对商业票据的确认、清算、结算成本，增加流通效率。京东金融已经率先筹建专门数字票据项目组，对其进行实践探索和研发。

3. 监管当局追踪资金流向，减少违法行为

有利于打击逃漏税等违法行为。传统纸币的不记名特点使得监管机构无法准确全面掌握纸币的使用流通情况，利用纸币进行偷逃税等经济犯罪成为现实中无法避免的黑洞。相比之下，区块链技术不可篡改和无法伪造的时间戳可完整反映交易明细和对手信息，如实记载每位参与者的交易信用，并在全系统范围形成统一账本，这使得央行数字货币所有交易信息都透明化。央行一方面可以在转移数字货币所有权时登记持币人变动数字货币的信

息，另一方面也可以保持追踪持币人身份的线索信息，因而，央行数字货币具有可控匿名性及可追溯性。国家监管机构通过对区块链形成的账本信息及流通环节的追溯，可确认企业及个人的过往交易及开支状况，有效打击逃漏税等违法行为，提升经济交易活动的透明度，建立起覆盖全社会的信用体系。

（五）数字票据——央行数字货币的前端试点

中国人民银行选择票据市场作为我国法定数字货币的试验田。票据市场是货币市场的重要组成部分，但目前我国的票据市场存在真实性、划款及时性以及违规交易等问题。针对这些问题，区块链技术可以提供有效的解决方案，如分布式记账技术可以保证数据完整和信息透明，解决了票据市场中的贸易背景造假问题；智能合约在区块链上的应用可以解决票据背书不连续的问题。

基于区块链的数字票据是一个全新的增强性票据形态。数字票据平台基于区块链技术形成具有高信用背书特征的记账节点，使得交易对手和交易过程被完整地记录在联盟链上、不可篡改。用户身份管理机构首先识别参与方身份，提供参与方身份的证书颁发、存储、验证、授权以及丢失恢复的服务，参与方在票据交易平台中进行业务操作时使用私钥进行认证和加密。数字票据平台采用智能合约编程方式完成对数字票据业务类型以及交易要求限制的实现，从而自动完成资金转移、所有权变更等一系列票据交易动作。数字票据作为数字货币的一种具体存在形式，具备数字货币交易过程自动、无支付中介、过程可追溯等一系列特征及优势。

我国的数据票据交易平台集合了众多前沿科技亮点，包括数字货币、区块链、数字票据、智能合约等，该项目自主研发了一套符合数字票据和数字货币等金融业务场景特点的底层联盟链，在底层技术、安全加密、隐私保护等方面进行了大量创新性实验，为数字货币的研究和实施奠定了理论和实践基础。

第七章 数字经济时代的金融创新

第一节 金融创新理念

一、金融创新的含义

金融创新的定义虽然大多源于熊彼特经济创新的概念,但各个定义的内涵差异较大,概括起来对于金融创新的理解不外乎有三个层面。

第一,宏观层面的金融创新将金融创新与金融史上的重大历史变革等同起来,认为整个金融业的发展史就是一部不断创新的历史,金融业的每项重大发展都离不开金融创新。

从这个层面上理解金融创新有如下特点:金融创新的时间跨度长,将整个货币信用的发展史视为金融创新史,金融发展史上的每一次重大突破都视为金融创新。金融创新涉及的范围相当广泛,不仅包括金融技术的创新,金融市场的创新,金融服务、产品的创新,金融企业组织和管理方式的创新,金融服务业结构上的创新,而且还包括现代银行业产生以来有关银行业务、银行支付和清算体系、银行的资产负债管理乃至金融机构、金融市场、金融体系、国际货币制度等方面的历次变革。如此长的历史跨度和如此广的研究空间使得金融创新研究可望而不可及。

第二,中观层面的金融创新是指 20 世纪 50 年代末 60 年代初以后,金融机构特别是银行中介功能的变化,它可以分为技术创新、产品创新以及制度创新。技术创新是指制造新产品时,采用新的生产要素或重新组合要素、生产方法、管理系统的过程。产品创新是指产品的供给方生产比传统产品性能更好、质量更优的新产品的过程。制度创新则是指一个系统的形成和功能发生了变化,而使系统效率有所提高的过程。从这个层面上,可将金融创新定义为政府或金融当局和金融机构为适应经济环境的变化和在金融过程中的内部矛盾运动,防止或转移经营风险和降低成本,更好地实现流动性、安全性和营利性目标而逐步改变金融中介功能,创造和组合一个新的高效率的资金营运方式或营运体系的过程。中观层次的金融创新概念不仅把研究的时间限制在20世纪60年代以后,而且研究对象也有明确的内涵,因此,大多数关于金融创新理论的研究均采用此概念。

第三,微观层面的金融创新仅指金融工具的创新。大致可分为四种类型:信用创新型,如用短期信用来实现中期信用,以及分散投资者独家承担贷款风险的票据发行便利等;风险转移创新型,它包括能在各经济机构之间相互转移金融工具内在风险的各种新工具,如货币互换、利率互换等;增加流动创新型,它包括能使原有的金融工具提高变现能力和可转换性的新金融工具,如长期贷款的证券化等;股权创造创新型,它包括使债权变为股权的各种新金融工具,如附有股权认购书的债券等。

我国学者对此的定义为:金融创新是指金融内部通过各种要素的重新组合和创造性变革所创造或引进的新事物。并认为金融创新大致可归为三类:金融制度创新;金融业务创新;金融组织创新。

从思维层次上看,"创新"有三层含义:第一,原创性思想的跃进,如第一份期权合约的产生;第二,整合性将已有观念的重新理解和运用,如期货合约的产生;第三,组合性创性,如蝶式期权的产生。

二、金融创新的理论基础

(一)西尔柏的约束诱导型金融创新理论

(1) 西尔柏(W. L. Silber)主要是从供给角度来探索金融创新。西尔柏研究金融创新是从寻求利润最大化的金融公司创新最积极这个表象开始的,由此归纳出金融创新是微观金融组织为了寻求最大的利润,减轻外部对其产生的金融压制而采取的"自卫"行为。

(2) 西尔柏认为,金融压制来自两个方面:一是政府的控制管理;二是内部强加的压制。①

(二)凯恩的规避型金融创新理论

(1) 凯恩(E. J. Kane)提出了"规避"的金融创新理论。所谓"规避"就是指对各种规章制度的限制性措施实行回避。"规避创新"则是回避各种金融控制和管理的行为。它意味着当外在市场力量和市场机制与机构内在要求相结合,回避各种金融控制和规章制度时就产生了金融创新行为。

(2) "规避"理论非常重视外部环境对金融创新的影响。从"规避"本身来说,也许

---

① 张淼,管弋铭,范从来. 金融资产短缺与约束型资产替代 [J]. 现代经济探讨, 2017, (第6期): 24-31.

能够说明它是一些金融创新行为的源泉,但是"规避"理论似乎太绝对和抽象化地把规避和创新逻辑地联系在一起,而排除了其他一些因素的作用和影响,其中最重要的是制度因素的推动力。①

(三) 希克斯和尼汉斯的交易成本创新理论

(1) 希克斯(J. R. Hicks)和尼汉斯(J. Niehans)提出的金融创新理论的基本命题是"金融创新的支配因素是降低交易成本"。这个命题包括两层含义:一是降低交易成本是金融创新的首要动机,交易成本的高低决定金融业务和金融工具是否具有实际意义;二是金融创新实质上是对科技进步导致交易成本降低的反映。②

(2) 交易成本理论把金融创新的源泉完全归因于金融微观经济结构变化引起的交易成本下降,是有一定局限性的。因为它忽视了交易成本降低并非完全由科技进步引起,竞争也会使交易成本不断下降,外部经济环境的变化对降低交易成本也有一定的作用。

(3) 交易成本理论单纯地以交易成本下降来解释金融创新原因,把问题的内部属性看得过于简单。但是,它仍不失为研究金融创新的一种有效的分析方法。

(四) 金融深化理论

(1) 美国经济学家爱德华·S·肖(E. S. Shaw)从发展经济学的角度对金融与经济发展的关系进行了开创性的研究。

(2) 肖提出金融深化理论,要求放松金融管制,实行金融自由化。这与金融创新的要求相适应,因此成为推动金融创新的重要理论依据。

(五) 制度学派的金融创新理论

(1) 以戴维斯(S. Davies)、塞拉(R. Sylla)和诺斯(North)等为代表。

(2) 这种金融创新理论认为,作为经济制度的一个组成部分,金融创新应该是一种与经济制度互为影响、互为因果关系的制度改革。③

(六) 理性预期理论

(1) 理性预期学派是从货币学派分离出来的一个新兴经济学流派,最早提出理性预期

---

① 马续田. 当代西方主要金融创新理论[J]. 经济研究参考, 1997, (第35期): 23-24.
② 褚东丫. 交易成本理论缺陷的新思考——从企业生产经营和创新角度分析[J]. 商情, 2018, (第34期): 86.
③ 李剑, 张永生. 金融制度创新理论与我国金融制度创新分析[J]. 社会科学论坛, 2006, (第8期): 72.

思想的是美国经济学家约翰·穆斯。20世纪70年代初，卢卡斯正式提出了理性预期理论。[①]

（2）理性预期理论的核心命题有两个：

①人们在看到现实即将发生变化时倾向于从自身利益出发，作出合理的、明智的反应。
②那些合理的、明智的反应能够使政府的财政政策和货币政策不能取得预期的效果。

三、金融创新的原因

（一）顺应需求的变化

20世纪50年代，利率的剧烈波动造成了巨额的资本利得或资本损失，并使投资回报率具有较大的不确定性。经济环境的这一变化，刺激了对满足该需求的创新的探求，激励人们创造一些能够降低利率风险的新的金融工具。在该需求的推动下，20世纪70年代产生了三种新的金融创新：可变利率抵押贷款、金融期货交易和金融工具的期权交易。

（二）顺应供给的变化

当前计算机和通信技术的改善，是导致供给条件发生变化的最重要的源泉，它有力地刺激了金融创新。当能够大大降低金融交易成本的新计算机技术可以运用时，金融机构便可据以设想出可能对公众有吸引力的新金融产品和新金融工具，银行卡即是其中之一。计算机和通信技术的改善也增强了市场获得证券信息的能力，这种由交易和信息技术的改善而引发的金融创新最重要的例证是证券化。此外，政府管理制度的变化也能够导致供给条件变化，由政府管理变化而发生的金融创新的例子是贴现经纪人和股票指数期货的出现。

（三）规避既有管理法规

由于金融业较其他行业受到更为严格的管理，政府管理法规就成为这个行业创新的重要推动力量。当管理法规的某种约束可以合理地或被默认地予以规避，并可以带来收益，创新就会发生。过去美国银行业在法定准备金与存款利率两个方面受到限制。自20世纪60年代末期开始，由于通货膨胀率引起的较高的利率水平同存款利率上限和存款准备金合在一起减少了银行的利润，促使商业银行产生了欧洲美元、银行商业票据、可转让提款通知书账户（NOW）、自动转换储蓄账户（ATS）和隔日回购协定、货币市场互助基金

---

① 陆建新. 理性预期理论述评［J］. 社会科学战线，1996,（第1期）：76-83.

（MMMF）等形式的金融创新。

四、金融创新的种类

金融创新是指金融内部通过各种要素的重新组合和创造性变革所创造或引进的新事物。金融创新大致可归为四类：金融传统业务的创新、金融市场的创新、金融工具的创新、金融制度的创新。

（一）金融传统业务的创新

1. 负债业务的创新

（1）商业银行负债业务的创新是对传统业务的改造、新型存款方式的创造与拓展。

（2）商业银行的新型存款账户突出个性化，迎合了市场不同客户的不同需求。

（3）商业银行负债的范围、用途多样化。

2. 资产业务的创新

20世纪40年代以后，商业银行的资产业务创新不如负债业务创新那么活跃，创新主要表现在贷款业务上，具体表现在以下四个方面：

（1）贷款结构的变化。

（2）贷款证券化。

（3）与市场利率密切联系的贷款形式不断出现。

（4）贷款业务表外化。

3. 资产负债表及业务创新

商业银行的资产负债表外业务是指商业银行在不涉及账上资产与负债变动的情况下，通过投入一部分人力、物力而改变当期损益增加收益率的业务活动。其实质就是在不扩大资产与负债的同时只收取手续费和佣金的业务。随着金融业竞争的加剧、科学技术的不断发展和银行趋利避险的本质要求，20世纪80年代，表外业务得到普遍重视，不断进行业务创新，并迅速发展起来。典型的表外业务创新有贷款证券化、担保、承诺、支持性信用证等。

（二）金融市场的创新

1. 境外金融市场——跨越国界的金融市场创新

境外金融市场又称离岸金融市场、外币存放市场，是指在一国境外进行该国货币的存款、放款、投资、债券发行和买卖业务的市场。由于这种市场起源于欧洲，所以也叫欧洲货币市场。

欧洲货币市场作为一个创新的市场，具有以下特点：

（1）摆脱了任何国家政府法规、税制的管制约束，非常自由。

（2）突破了国际贸易与国际金融汇集地的限制。

（3）银行间的批发市场，成交金额巨大。

（4）存款利率略高于国内金融市场，贷款利率略低于国内金融市场，对资金存款人和借款人都有吸引力。

（5）完全是外国投资者和外国筹资者的关系，即非居民与非居民的借贷关系。

2. 证券化抵押市场——成功的金融市场创新

20世纪80年代金融市场的重要创新是证券化抵押市场的形成和发展。证券化在20世纪70年代已经出现，在80年代得到迅速发展，在抵押贷款证券化的基础上，出现了以抵押贷款为基础发行的证券的二级市场，这一市场称之为证券化抵押市场。在美国，这种二级市场以联邦国民抵押协会和联邦住宅放款抵押公司为中心组成，抵押贷款证券化的数量和二级市场规模不断扩大，英国在20世纪80年代中期也形成了类似的市场。随着银行资产证券化的发展，各种新型抵押债券的发行，更使这一市场进一步趋向繁荣。证券化抵押市场由于发行者一般具有雄厚实力、信用级别高、安全性好的特点，同时收益也较高，对投资者很有吸引力，因而成为成功的金融市场创新。

3. 金融衍生市场——生命力最强的金融市场创新

衍生工具最早在商品交易市场引入，金融衍生工具的交易在20世纪20年代也已出现，最早的是由股票交易所引入的股票期权交易。20世纪70年代，美国芝加哥商品交易所的分支——"国际货币市场"率先经营六种国际货币（英镑、加拿大元、德国马克、日元、瑞士法郎和澳大利亚元）的期货合约，世界上第一个买卖国际货币期货的有形市场成立。此后，外汇期货业务在世界范围内迅速发展。20世纪70年代中后期，债券期货、国库券期货、利率期货、股票指数期货纷纷推出，一个新型的金融市场——期货市场宣告形成并在全球迅速发展。随后芝加哥期权交易所宣告成立，也宣告了另一重要金融市场——期权市场的诞生。

（三）金融工具的创新

1. 风险转移型创新工具

（1）价格风险转移型创新工具

该类工具可以减少资产价格变动的风险或转移这类风险。20世纪70年代以来汇率和利率的波动加剧，所以这类创新工具在金融市场上很受欢迎。这类创新工具主要有：可调整利率抵押、浮动利率抵押、背对背贷款、金融期货及期权、互换及定期利率协议、票据发行便利等。

（2）信用风险转移型创新工具

该类工具可以减少和转移金融资产信用状况因非正常恶化而导致的风险。其大量出现是以 20 世纪 80 年代石油供应过剩与债务危机等事件为背景的。

由于这些国际事件使许多金融资产的信用状况恶化，引起对这类工具的大量需求。这类创新工具主要有：无追索权的资产销售、贷款互换、证券化的资产、可转让贷款合同、信用证、票据发行便利等。

2. 流动性增强型创新工具

这类创新工具的功能是增强金融资产和金融工具的流动性，使本来无法流动的资产变成可转让的资产，从而大大提高其流动性。这类创新工具除前面提到的证券化的资产、可转让贷款合同、票据发行便利外，还有闲置余额投资账户及其他先进管理技术、货币市场互助基金以及其他可流通的货币市场工具等。

3. 引致信用型创新工具

这类创新工具的功能是能帮助使用者增加进入某些信贷市场的机会，从而提高其获得信用的能力。这类工具或利用现有资产获得新的融资能力，或直接提供新的贷款来源，或通过互换间接提供这种来源。这类创新工具主要有零息债券、垃圾债券、股权参与性融资、住宅股权贷款等。

4. 引致股权型创新工具

这类创新工具的功能是对债务性质的资产给予股权特征的效果。这类创新工具数量较少，典型的工具是债务——股权互换和受托可转换债券。

在众多的创新金融工具中，最主要的创新金融工具只有四种形式：互换、期权、票据发行便利和远期利率协议。随着时间的推移和实际金融交易活动中各种特殊需要，可以有许多不同的创新形式以及它们与其他金融工具相互组合而形成的新的金融工具形式。

（四）金融制度的创新

1. 分业经营制度向混业经营制度的转变

在世界各国的银行体系中有两种不同的银行制度，即以德国为代表的"全能银行制"和以美国为代表的"分业银行制"。主要是在商业银行业务和投资银行业务的合并与分离问题上的区别。目前，世界上大多数商业银行的上述两个传统特征和分业界限已逐渐消失,商业银行的经营范围正不断扩大,世界上著名的大银行已经成为"百货公司"式的全能银行,从其发展动向看,商业银行全能化、综合化已经成为一种必然趋势。

2. 金融机构实行统一管理的制度逐渐形成

由于商业银行具有信用创造的特殊功能,因此,世界上的大多数国家都对商业银行实行了比非银行金融机构更为严格的管理制度。如对其市场准入的限制、活期存款不得支付利息的限制、存款最高利率的限制、不同存款准备金率的差别限制等。在金融业不断发展的过程中,非银行金融机构正是看准了这一制度的薄弱之处,进行了大胆创新与发展,使非银行金融机构的种类、规模、数量、业务范围与形式等迅速发展,商业银行在新的市场竞争中处于明显的劣势。鉴于经济环境、市场条件所发生的巨大变化,各国政府都不同程度地缩小了对两类金融机构在管理上的差别,商业银行与非银行金融机构在市场竞争中的地位趋于平等。

第二节 金融创新的影响

一、金融创新的影响概括

金融创新使得对货币的定义和货币层次的划分更加复杂,同时对货币流通速度也产生了较大的影响。从货币乘数和货币流通速度的反向关系对传统的货币乘数进行修正,从而可以得出:金融创新使货币流通速度降低。同时通过近年来中国货币流通速度和货币乘数的实证检验,上述结论基本成立。下文从修正的货币乘数角度,分析金融创新对货币流通速度的影响。

二、货币流通速度的模型

(一)交易型的货币数量模型

原始货币数量论认为,经济中货币需求量与所需满足的商品交易量成正比,用公式表示就是费雪的货币交易方程:$MV=PQ$。

其中 M 为货币数量,V 为货币流通速度,P 为商品价格,Q 为商品交易量,PQ 乘积即为某一时期内的商品交易额。可见,货币流通速度最早的定义乃是指年度内单位货币被使用的平均次数,因而又被称为货币交易流通速度。

(二) 收入型货币数量模型

20世纪60年代到70年代,以弗里德曼为首的货币主义学派发展了货币数量论,新的货币数量论方程式如下:$MV=PY$,其中PY指名义货币收入,伴随这一转变货币流通速度亦有了新的含义:一定时期内单位货币周转(这里所指的周转包括再生产的全过程)的平均次数。因而又被称为货币收入流通速度。

从上述模型可以看出,二者在原理上基本统一,它们的区别主要在于前者是源于货币作为交易手段的职能来解释货币流通速度,而后者则是从货币储藏手段(永久性收入)的职能来解释。根据货币均衡理论,货币市场均衡的条件为$MS=MD$,所以货币的流通速度V和货币的供给量具有直接的关系,众所周知,M_2是由M_1和准货币(M_2-M_1)构成的,其中M对应货币的交易职能,准货币对应货币的贮藏职能。把二者加以综合可以得出货币流通速度的一般公式为:$M_2V=GDP$。

三、金融创新对货币流通速度的影响

(一) 金融创新对货币定义和货币划分的影响

从整个货币发展的里程来看,一般认为货币经历了朴素的商品货币阶段、贵金属货币阶段、代用符号货币阶段、电子货币阶段四个阶段。各阶段就其作为货币的价值与本身所包含的价值而言,具有实物货币、金属货币、信用货币、电子货币、数字货币等多种形式(其中数字现金是电子货币发展的较高阶段形式)。金融创新的日新月异使得理论界对货币的定义变得日益困难。货币到底是什么?传统的货币定义认为货币是为广大公众所普遍接受的一般等价物的特殊商品。

金融创新,特别是大量金融业务创新后,涌现了许多新型账户,这些账户的出现使传统货币供给层次划分出现混乱,如NOW、ATS、MMDA等新型账户都具有开具支票的功能,类似于活期存款,理应划入M_1,但这些账户余额又大部分放在投资性储蓄账户内,实际上它应属于M_2。由于类似的金融创新,各国对货币供给层次的划分不断进行修改。尽管频繁修改,但金融创新带来的难题仍未完全解决,如电子账户、多功能信用卡和网络支付账户等对应的货币层次,各国中央银行目前尚无明确答案。所以,金融创新使得对于货币的定义和货币层次划分更加难以界定,从而直接影响到货币流通速度的分析与测定。

(二) 货币流通速度和货币乘数的关系

货币乘数是指在基础货币(高能货币)基础上货币供给量通过商业银行的创造存款货

币功能产生派生存款的作用产生的信用扩张倍数。在一定的名义 GDP 下，货币乘数 B 和货币流通速度 V 之间存在反比关系，即在一定的产出水平下，货币流通速度增大，则货币乘数减少；反之亦然。所以要分析金融创新对货币流通速度的影响，只要找出影响货币乘数的因素，就可以得出相应的结论。

（三）从修正的货币乘数来看金融创新对货币流通速度的影响

金融创新对货币的定义和货币层次的划分产生了深刻的影响，随着金融工具种类的不断丰富，无论是流通中的现金还是各类存款等流动性不同的货币供给都发生了较大的变化。金融创新对货币乘数的各种影响因素的影响变化如下。

1. 对现金的影响

随着电子技术的日益成熟，电子货币的发展将会成为货币的主流。经济体之间的借贷、消费、转账等将无一不是通过网络进行结算，支票和现金结算将逐步减少。特别是数字现金是在银行存款转移支付工具的逐渐深化和对现金通货的逐渐挤占的基础上发展起来的电子货币的高级发育形态，是货币经历实物货币、贵金属货币、代用符号货币（纸币）等各种发育阶段类型的电子货币不断发展和演化的产物，具有良好的匿名性、无限的分割性、真实的价值性、快捷便利和可交换性等一系列的优点，可以推知，数字现金对货币形态演化的这种影响趋势将使数字现金不断挤占现金通货纸币和存款通货的某些形态而逐渐成为未来数字货币时代最主要的流通货币形式之一，它是现金纸币通货和非款通货的最佳替代者，因此，从其问世以来便迅速挤占现金和存款通货中数字现金前期各种发育形态的电子货币的位置，并且后来居上。不难推知，随着数字经济对整体经济增长贡献率的提高，实体经济对现行的现金纸币通货的需求将因数字现金的逐渐挤占而大幅缩减至少量存在，数字现金则会广为流行，而结算性临时存款通货的大部分将逐步转化为数字现金形态，小部分仍将以卡型电子货币形态和非款转账型电子货币形态存在，但也将逐渐向数字现金形态转化。

2. 金融创新对货币层次和货币乘数的影响

金融创新使传统货币层次的划分变得越来越模糊，各种货币之间转变的交易成本越来越低，而且货币层次越来越多，如 NOW 账户、ATS 账户等。特别在西方国家金融市场，由于金融产品不断创新，日益增多，不同流动性的金融创新产品在不同程度上充当了商品交换的媒介，成为了事实上的货币。这样一来，货币的供应规模量不断扩大。这里可以引入一个金融创新下的可以充当货币媒介的可替代性金融资产的一个量，即在货币供应量上加入一个量 M_e，所以金融创新下货币供应量为：

$$M = C + D_r + D_t + C_e + M_e$$

金融创新对货币流通速度的影响可以从不同的方面得到解释,其中现金漏损率的降低、替代性金融资产的比例增大和超额准备率的下降都使货币的流通速度降低,而数字现金占活期存款比例则会使货币的流通速度加快。总体来说,由于数字现金和活期存款的流动性都比较强,所以在一定时期内产生较大的相互替代可能性不大(但是从长远来看 Ce 还是增大的),所以要考察在一定时期内货币的流通速度或者货币乘数发生变换总体趋势是:金融创新使货币乘数增大,流通速度下降。

四、中国货币流通速度和货币乘数变化的实证检验

中国金融创新起步较晚,所以金融创新的水平相对于西方国家来说远处于较低的水平。但是近年来随着中国金融体制改革步伐的加快,金融创新也获得了阶段性发展。特别是电子技术的应用带来的技术创新以及金融体制改革方面的制度创新都取得了较大成果。现阶段金融产品更加丰富,金融的市场化改革步伐越来越快。这些举措无疑都会对中国的货币流通速度产生一定的影响。从检验的数据来看,中国近年来货币的流通速度和货币乘数呈反向关系,基本符合理论上成立的关系;同时,检验结果基本满足金融创新发展的趋势,特别是近年来金融创新的步伐加快,货币流通速度和货币乘数变化的速度加快。

第三节 金融创新的挑战

金融创新存在危机和风险,其中道德风险是风险的重要组成部分,从某种意义上来看,道德风险的存在和失控是金融创新的"毒药"。金融创新的道德风险就是金融机构及从事金融领域工作的精英们为追求自身利益的最大化使创新脱离了道德的轨迹,造成了道德危机,进而危害投资人和金融机构的利益。近年来,由于追求竞争优势和高额利益,西方国家出现了放宽金融管制与倡导金融领域的自由化经营的倾向,如允许各金融机构业务交叉,放松对本国居民和外国居民在投资方面的诸多限制,货币政策宽松、资产证券化和金融衍生产品得到了无节制的发展等,使道德风险不断积聚,最后导致危机的爆发。具体而言,金融创新的道德风险主要包括以下几个方面:

一、金融创新以规避制度监管为目的,使道德风险失去了有效的制度控制

道德风险首先源自制度管制缺失的风险。按照制度经济学的观点,人是制度化的人,

没有好的制度环境，好人也会变为坏人。金融创新的原动力之一就是可以通过创新以突破旧体制的限制。按照凯恩（J. Kane）的规避型金融创新理论，金融创新就是回避各种金融控制和管理的行为。也就是说，当外在市场力量和市场机制与机构内在要求相结合以规避各种金融控制和规章制度时就产生了金融创新行为。凯恩认为，许多形式的政府管制与控制实质上等于隐含的税收，阻碍了金融业从事已有的营利性活动和利用管制以外的利润机会，因此，金融机构会通过创新来逃避政府的管制。在他看来，金融创新与金融监管是相互博弈均衡的过程。综观数次美国金融危机，根源之一在于现有金融机构通过金融创新，形成了一个完全不同于传统金融体系的"影子银行"体系。其核心是通过一系列金融产品、金融工具、金融市场的创新，突破既有的金融监管体系，以便在这种无监管金融交易中获得最大利润。

对金融监管的规避使败德现象时有发生。例如，利用监管制度的滞后性以及法律的"真空地带"，滥用金融创新或恶意金融创新；利用金融机构的特殊性，对公众不公开有关金融产品的信息，导致由于信息不对称产生的道德风险等。由于监管制度的不完善，使得金融创新行为乃至不道德行为合法化，从而变相鼓励了某些不道德的金融创新行为。

此外，从金融监管的形式以及金融监管失效的原因来看，由政府主导的监管尤有不足之处，它不可能从微观层面来监督和解决所有的问题，法律监管和道德监管就显得尤为重要。美国金融监管机制一直被视为全球的典范，但事实证明并非完美无缺。

二、金融创新引发的金融风险转移，致使投资者承担了道德风险的后果

创新是对未知世界的探求，其根本特征是不确定性和风险性。然而，创新同时又能抵御一定的风险，金融创新的原动力之一是规避金融风险，金融创新的特点是将诸多风险以不同的组合方式再包装，相对于传统金融业务，这种方式更加复杂。它对单个经济主体提供风险保护的同时却将风险转移到了其他更多的经济主体上，如果经济主体都想转移同一方向的风险时，风险就会集中爆发，给金融体系造成严重危害。

为何以规避风险为目的的金融创新会使风险毫无限制地产生？答案就是把风险扔给别人。对于金融创新者而言，他们非常清楚并懂得风险的含义，而当他们自己的风险较小或风险能够转移时，为了欲望和贪婪，他们会制造风险，除非他们是有道德的人，或者是受制度约束的人。金融市场的扩大和繁荣靠投资者的数量，金融机构为取得更大的利益、规避投资风险，通过金融创新吸引更多的投资者参与市场，同时也使金融机构的风险转移到投资人身上，致使投资人的利益受到损害。

对于投资人而言，他们的投资行为也是受利益所驱使的。他们能接受金融创新并承受

道德风险源于对投资收益的预期,在此前提下,投资者为了获取更高的收益愿意承担风险。当无论金融创新的主体还是高风险倾向的投资者都追求收益最大化时,就出现了共振和同向效应,使得金融创新发起者的金融风险的转移成为可能。

三、金融创新打破了原有的信用体系,使道德风险的防范体系更加脆弱

金融创新导致了银行信用体系的风险。信用风险是交易对方无法履约偿还借款而造成的损失,既包括金融机构又包括投资者。金融机构既要有信用,又要追求效益和利益,二者要有平衡,如果追求效益和利益的动机占了上风,就会出现信用危机和道德危机。

商业银行要发挥作为金融中介的作用必须满足以下两个条件:第一,储蓄者任何时候都可以提款,对银行充满信心;第二,银行能够在众多的项目中筛选出效益较好的项目。也就是说,银行首先要有信用,其次要能提供给投资者盈利的产品。这说明,银行从产生之日起就是与信用紧密相连的,信用是其安身立命之本,而金融产品创新则是银行业竞争的结果,为了吸引更多的资金银行在监管无效的情况下从事高风险行业,创造出令人眼花缭乱的金融创新产品,由于创新产品的复杂性、链条的间接性、预期的不确定性以及信息的不对称性,导致了信用的脆弱性和无效性。

次贷危机的起因是资产证券化产品,它们是以商业银行传统的信贷资产作为基础资产的,而证券化之后,其影响范围却远远超过了传统的商业银行领域。金融创新使得各种金融机构原有的分工限制日益模糊、交叉,职责难以区分和控制,不受旧的信用体系的约束,大量开展投机业务,以增加利益来源。这些投机行为有很多从传统信用体系评价来看是不正当的。

金融创新还改变了原有的信用承诺体系,使信用度降低,这种创新模式没有保证投资者在分配中获益,失去了应有的承诺和保障,导致投资者的利益在无形中受到损害。

第四节 数字金融的创新

中国人民银行《金融科技发展规划(2022—2025年)》与中国银保监会《银行业保险业数字化转型指导意见》相继发布,明确了金融机构数字化转型目标与要求。在新的历史时期,必须在数字金融发展的各个方面持续发力,采取积极有效措施,促进我国数字金融持续健康高质量发展。

一、优化数字金融监管方式，提高监管质量

要推动数字金融健康可持续发展，必须规范行业行为，加大对不法经营的惩罚力度，营造公平公正的竞争环境。

一是建立中央层面金融监管协调机制，实现金融监管的全覆盖。不断健全金融监管协调机制，在明确各类监管主体责任、建立多边紧急磋商机制、健全的信息共享机制、财政部门多边联动机制、专项监管业务交流合作等基础上，以协同监管为重点，构建金融监管协调机制，充分考虑协调机制本身的成本有效性、监管真空度、监管机构效率、监管信息共享、监管成本估算、监管错位度等因素，提高监管水平和效能。同时，加强金融监管部门及其他数据生成部门协同机制，搭建标准化公共数据共享平台，健全数据公开分享工作机制，增强大数据及各类信息融合能力，促进国家及地方信用信息共享平台建设以及政府部门、互联网平台企业、商业银行和核心供应链企业部分数据公开等方面推进数字金融分享发展。

二是将科技赋能与信息披露制度相结合，提高金融监管的效率。完善互联网金融信息披露制度，保障市场参与者知情权。及时披露数字金融平台的资金流和业务信息及监管状态。确保数字金融平台所有资金流都在监管部门的监管范围内，避免资金流流动偏离金融监管体制而造成"监管真空"，同时，向投资者提供公开透明的业务信息和更多的金融产品信息。在监管的各环节都应广泛应用科技优势。将人工智能等新兴技术引入监管，通过平台信息共享和可视化进行监管，利用数据风控和探针技术对平台数据进行监控，第一时间识别与把控风险，提升监管的效率。

三是守正创新，完善金融监管规则。健全监管体系，杜绝虚假创新，严查假冒金融创新和无证经营等违法行为，推进金融机构公正监管和严格执法，推动优胜劣汰，形成"创新—监管—再创新—再监管"的循环。金融科技和互联网金融发展应时刻保证金融监管能够实时同步，防患于未然，给金融创立平稳的大环境，建立利于技术和业务进步的创新型监管平台，确保金融体系与科技创新良性发展。

四是创新金融监管模式。做好风险控制和监管工作，平衡金融发展、金融稳定、金融安全是金融创新的根本要素。创新本身也是风险，若监管不当，则平台自主创新过程中就会存在不合规风险。借鉴国外"监管沙盒"模式，为数字金融企业的创新模式提供试点空间，测试其金融产品、服务和营销模式等，在试点范围内不受监管部门的约束，保障消费者的权益。监管沙盒具有前置性、临时性的特征，投资者可提前了解风险，参与试点确保能够吸收风险后果，规避物质破坏、给产业放松的创新空间以及有效监管体系。选择试点

城市率先推动沙盒监管以激发企业创新动力,形成区域特色沙盒模式,开展"穿透式监管",既聚焦事故隐患,又以全过程本质监管为重点,以金融创新推动智能经济发展,利用监管沙盒对监管中存在的漏洞进行查漏补缺,确保消费者和投资者的资金安全,减少监管过程中的成本,寻找金融科技监管的更多机制。

二、建立健全数字金融相关法律法规

推动数字金融发展是一个系统性工程,需要各方面共同努力,建议统筹考虑数字金融发展的各个方面,加强顶层设计,根据我国国情制定行动计划。

一是出台促进数字金融发展的指导意见,整合各方力量,推动建设促进数字金融可持续发展的诸多体系。

二是根据数字金融信息化程度高、散户参与度高、市场变化迅速等特点,结合我国已有的监管经验,借鉴世界各国监管金融科技的做法,建立有别于传统金融的数字金融监管体系,并与现有监管体系相互融合,在提供扶持的同时,尽可能避免对市场造成扭曲,推动数字金融行业健康、有序、可持续发展。

三是在适当的时机推出数字金融法,或在相应法律中加入数字普惠金融相关内容,明确数字普惠金融市场主体、监管体系和行为准则,使金融机构发行产品、监管机构行政执法均有法可依、有法可循,既规范行业健康发展,又保护消费者权益不受侵犯。

三、推动数字金融统筹协调发展

一是需要厘清数字金融发展不平衡不协调的根源所在,找到差异化的具体源头,从总体上把握数字金融发展的空间转移路径,破除中国数字金融发展空间非均衡的难题。二是不断加强地区间金融和要素资源的流动,各地政府可以出台相应的政策制度来吸引地区间的金融资源,弱化"虹吸效应"所带来的负面影响,同时,充分发挥数字金融的正向空间溢出效应,让数字金融发展水平较高的地区带动周边地区的发展,形成优势互补,错位发展的格局,进而不断缩小各地区间发展程度的差异。三是数字金融的发展依托于当地经济发展水平、金融发展水平以及市场化等一系列因素的影响,各级地方政府应该认清当地发展的优势所在,切勿盲目跟风,要因地制宜、因时施策。

四、规范完善社会征信体系

加快社会信用体系建设,营造"信用至上"的社会环境。数字金融为市场主体提供贷款所依据的，是完备的信用信息数据和借款人信用的价值。因此，社会信用体系的建设是数字金融高质量发展的重要基础，营造"信用至上"的社会环境是数字金融发展乃至整个金融行业发展的必然要求。

一是通过信息化手段实时收集企业、个人的各方面信用数据，打破部门"藩篱"，打通"信息孤岛"，使得金融机构能够从各个方面了解企业和个人的信用信息，从而充分利用大数据分析手段，准确判断违约概率，为信用贷款等金融产品提供定价依据。

二是加大信用信息数据使用范围，加快"信用城市"建设，使得信用数据不仅应用于金融领域，而且关系到个人生活和企业经营的各个方面，加大守信激励和失信惩戒力度，使守信者获得现实激励，使失信者寸步难行。

五、加强数字金融伦理教育，全面提升居民的金融素养，恪守金融伦理

进一步加强全民金融知识的普及与教育，提高我国家庭居民的整体金融素养水平。由于"金融文盲"在我国家庭居民中所占的比例并不低，并且农村居民的金融素养水平显著低于城镇居民。为此，政府有关部门应采用多样化方式加强金融知识、金融技能教育工作，尤其需要向农村群众大力宣传数字金融文化，将金融知识普及覆盖到百姓的日常生活中，实现有效渗透。

加强金融政策宣贯，通过落实系列宣传活动，增进社会公众对金融的了解程度。组织"金融知识下乡"活动，为农村群众提供相关金融产品以及服务的咨询，重点关注和解决金融素养弱势群体的金融需求。

金融素养水平的提升需要做到"绵绵发力""久久为功"，应探索提升社会整体金融素养水平的长效途径，如将金融基本知识纳入教育体系，实施普及教育等。

进一步加强数字金融伦理教育。一方面，加强对金融机构从业者的数字金融伦理教育，使其把外在的约束转化为自身的职业态度、价值理念和行为准则，为消费者提供更加优质的服务；另一方面，加强对金融活动其他参与者的数字金融伦理教育，不断提高其数字金融素养，规范其金融行为，使其更好地参与到数字金融实践中，积极推进数字金融健康有序发展。

六、夯实数字金融发展的技术基础

加强技术创新，不断提升技术水平，完善金融基础设施，加快提速降费进程。健全金融基础设施，发展数字金融，以更好地服务农村居民、中小微企业等客群。

加大人工智能、大数据等新兴技术的研发,提高金融机构服务水平,力争创造相对完美的数字金融产品;提高数据技术的应用能力,力争避免由于操作失误而产生的各种技术风险。

　　提高金融市场风险监测水平,加强系统性风险防范能力,提高数字技术的保密性、可靠性和安全性,使个别金融行业从业人员无法钻数据漏洞,逐步规范金融从业人员以及其他数字金融活动参与人的金融行为,不断提升民众的金融活动能力。

参考文献

[1] 杨涛,马洪杰. 数字经济+科技向善 金融科技创新实践2021[M]. 北京:人民日报出版社,2021.

[2] 刘勇,孙鲁. 中国金融科技创新(数字金融应用场景实战)[M]. 北京:中信出版集团,2021.

[3] 房茜茜,赵强,李景航. 数字金融产业创新发展研究[M]. 长春:吉林人民出版社,2021.

[4] 杨菁. 农村数字普惠金融创新发展研究[M]. 北京:中国金融出版社,2021.

[5] 袁国宝. 数字经济 新基建浪潮下的经济增长新引擎[M]. 北京:中国经济出版社,2021.

[6] 蔡皎洁. 网络金融[M]. 2版. 北京:机械工业出版社,2021.

[7] 尹优平. 国民金融能力发展研究[M]. 北京:中国金融出版社,2021.

[8] 孙飞显. 智能新时代的金融信息学[M]. 北京:中国铁道出版社,2021.

[9] 王广宇. 零碳金融 碳中和的发展转型[M]. 北京:中国对外翻译出版公司,2021.

[10] 刘纪鹏. 中国道路下的金融改革与创新[M]. 北京:东方出版社,2021.

[11] 龙白滔. 数字货币 从石板经济到数字经济的传承与创新[M]. 北京:东方出版社,2020.

[12] 刁生富,冯利茹. 重塑 大数据与数字经济[M]. 北京:北京邮电大学出版社,2020.

[13] 龚勇. 数字经济发展与企业变革[M]. 北京:中国商业出版社,2020.

[14] 朱嘉明. 未来决定现在:区块链数字货币 数字经济[M]. 太原:山西人民出版社,2020.

[15] 袁国宝. 新基建数字经济重构经济增长新格局[M]. 北京:中国经济出版社,2020.

[16] 王焕然. 智能时代的新金融:科技赋能金融供给侧改革[M]. 北京:机械工业出版社,2020.

[17] 顾晓敏,梁力军,孙璐. 金融科技概论[M]. 上海:立信会计出版社,2019.

[18] 田利辉等. 非常态的中国金融和资本市场改革[M]. 天津:南开大学出版社,2019.

[19] 陈睿. 推动我国数字创意产业发展研究[M]. 北京:中国经济出版社,2019.

[20] 谢平,刘海二. 金融科技与监管科技[M]. 北京:中国金融出版社,2019.

[21] 王忠民. 金融科技前沿[M]. 北京:中国金融出版社,2019.

[22] 单强. 普惠金融与乡村振兴[M]. 北京:中国金融出版社,2019.

[23] 丁箐岚. 互联网金融监管问题的研究[M]. 成都:四川大学出版社,2019.

[24] 刘文献,李利珍. 共享数字新经济[M]. 北京:中国商务出版社,2018.

[25] 易高峰. 数字经济与创新管理实务[M]. 北京:中国经济出版社,2018.

[26] 朱晓明. 走向数字经济[M]. 上海:上海交通大学出版社,2018.

[27] 颜阳,王斌,邹均,等. 区块链+赋能数字经济[M]. 北京:机械工业出版社,2018.

[28] 郭福春,陶再平. 互联网金融概论[M]. 2版. 北京:中国金融出版社,2018.

[29] 陈辉. 金融科技 框架与实践[M]. 北京:中国经济出版社,2018.

[30] 冯博,李辉,齐璇. 互联网金融[M]. 北京:经济日报出版社,2018.

[31] 程雪军. 互联网消费金融 科技、金融与监管[M]. 北京:经济日报出版社,2018.

[32] 贝多广,莫秀根. 超越普惠金融[M]. 北京:中国金融出版社,2018.

[33] 温信祥. 新金融趋势[M]. 北京:中国金融出版社,2018.

[34] 刘振友. 区块链金融[M]. 北京:文化发展出版社,2018.

[35] 张晓凤. 普惠金融金融深化改革进程中的中国实践[M]. 上海:上海交通大学出版社,2018.

[36] 贾圣林. 未来之路金融的力量与责任[M]. 杭州:浙江大学出版社,2018.